D1724191

Berufsvorbereitung und Berufseinstieg

Lothar Beinke

Berufsvorbereitung und Berufseinstieg

Schwierigkeiten Jugendlicher beim Übergang von der Schule in die Berufsausbildung

PETER LANG
Frankfurt am Main · Berlin · Bern · Bruxelles · New York · Oxford · Wien

Bibliografische Information der Deutschen Nationalbibliothek
Die Deutsche Nationalbibliothek verzeichnet diese Publikation in der Deutschen Nationalbibliografie; detaillierte bibliografische Daten sind im Internet über <http://www.d-nb.de> abrufbar.

Gedruckt auf alterungsbeständigem,
säurefreiem Papier.

ISBN 978-3-631-58870-3

Printed in Germany 1 2 3 4 5 7

www.peterlang.de

Die Übertragung moderner Verhältnisse auf die Vergangenheit
ist eine Rückprojektion, die sich an Theoretikern orientiert,
aber nicht an der historischen Wirklichkeit.

Nach Wolfgang Reinhold, Probleme der deutschen Geschichte, 2001

Für Inge

Vorwort

Nach der Berufswahl ist mit dem Eintritt in die gewählte Berufsausbildung ein Abschluß erreicht. Die Probleme für die Jugendlichen sind andere, aber auch sie müssen bewältigt werden, soll die Berufsausbildung zu einem erfolgreichen Ende geführt werden. Die hohen Abbrecherquoten sind ein Signal, dass für die Sorgen der Jugendlichen in vielen Fällen Hilfen nötig sind. Da institutionalisierte Hilfen wie im Prozeß der Berufswahl nicht vorhanden sind, bleibt in aller Regel das betroffene Individuum – Ausbilder und Auszubildender – auf sich gestellt. Da dem Jugendlichen aber auch Informationen über die Schwierigkeiten fehlen, soll mit dieser Untersuchung eine Basis für die Möglichkeit zum Rückgriff auf empirische Daten geschaffen werden. Obwohl der Umfang der erhobenen Daten nur begrenzt sein konnte, aber mehrere Einflußfaktoren einbezogen werden sollten, war die Erschließung der Befragung nur mit umfangreicher Hilfe zu leisten.

Deshalb bin ich Dank schuldig. Den Schulleitern und den betroffenen Lehrern der beteiligten Schulen, den Schülern, die bereitwillig die Fragen beantworteten, der Schulbehörde, die hilfreich und unbürokratisch das Vorhaben genehmigte, Hans Jörg Schuster für die Beratung bei der Erstellung der Fragebogen und Gisela Wacket für die geduldige und fleißige Umsetzung des Textes.

Lothar Beinke

Inhaltsverzeichnis

Einleitung – Einführung in das Thema

Worum handelt es sich bei unserem Thema? Bei den Problemen des Übergangs handelt es sich um Dispositionen, die das Individuum in die Problemsituation einbringt, die aber angepaßt, erweitert und problemspezifisch kombiniert werden müssen, wenn sie einen Lösungsbeitrag leisten sollen. Aufgabenlösung ist dann möglich, wenn

wichtige Entscheidungssituationen als solche erkannt werden
eine Aufgabe realistisch definiert wird
das Selbstbild und das Umweltbild überprüft und präzise eingeschätzt werden
ein breites Spektrum von Alternativen entwickelt und die notwendigen Informationen über Alternativen gesammelt und die weniger attraktiven Alternativen schrittweise ausgesondert werden.[1]

Nach Bußhoff[2] sind Übergänge kritische Perioden, deren Lösung notwendig ist, in denen aber das Festhalten an bzw. die einfache Anwendung von gelernten Dispositionen nicht mehr ausreichen. Es ist danach ein Umlernen und Hinzulernen erforderlich, um die Diskrepanz zwischen Personen und Umwelt auf ein tragfähiges Maß zu reduzieren. Der Übergang ist die Periode des intensiven Um- und Neulernens. Sie kommt dann zu einem vorläufigen Abschluß, wenn sich eine als hinreichend erlebte Übereinstimmung von Person und Umwelt einstellt und in der Folge die diesbezüglichen Lernprozesse auf ein normales Maß zurückfallen. Die Notwendigkeit, eine Lösung zu finden, zwingt zu Kompromissen, die als Interessenanpassung an berufliche Tätigkeiten vollzogen werden.

---

1 vgl. Bußhoff, Ludger, Berufsberatung als Unterstützung von Übergängen in der beruflichen Entwicklung, in: Renée Zihlmann (Hg.) Berufswahl in Theorie und Praxis, Zürich 1998 – vgl. ebenfalls Beck, Ulrich, Brater, Michael, Daheim, Jürgen, Soziologie der Arbeit und der Berufe, Reinbeck 1971; Behrend, Gerhard u.a., Einführung in die Berufsorientierung, Hannover 1978: Büchner, Peter u.a., Von der Schule in den Beruf, München 1979; Jäger, Annemarie, Jugendliche in der Berufsentscheidung, Weinheim und Basel 1972; Vohland, Ulrich, Berufswahlunterricht, Bad Heilbrunn 1980.

2 Bußhoff, Ludger, Berufsberatung ..., a.a.O. in: Reneé Zihlmann (Hg.), a.a.O., B – Vgl. Vohland, Ulrich, Berufswahlunterricht, Bad Heilbrunn 1980, Beck/Brater/Daheim, Soziologie der Arbeit und der Berufe, Reinbek 1971, Behrens, Gerhard u.a., Einführung in die Berufsorientierung, Hannover 1978, Büchner, Peter u.a., Von der Schule in den Beruf, München 1979, Jaeger, Annemarie, Jugendliche in der Berufsentscheidung, Weinheim und Basel 1972

Übergänge werden von den Betroffenen als Situationen empfunden, in denen die Ressourcen und Strategien dysfunktional sind. Wenn sie in eine solche Lage kommen, werden sie versuchen, diese durch besondere Anpassungs- und Veränderungsleistungen zu reduzieren oder zu vermeiden. Letztes erleben wir bei Jugendlichen, die die Entscheidung zu einer Berufsausbildung – wenn nicht zu vermeiden – doch zu verschieben wünschen, indem sie den weiteren Schulbesuch wählen. Sie sehen dabei durchaus die schließliche Unausweichlichkeit, denn, wie wir oben gezeigt haben, sind Übergänge kritische Perioden, deren Lösung notwendig ist, in denen aber das Festhalten an bzw. die einfache Anwendung von gelernten Dispositionen nicht mehr ausreicht.

Die Bereitschaft der Jugendlichen in der Berufswahl, die ihre Berufswünsche an die Gegebenheiten des Ausbildungsstellenmarktes anpassen, ohne dass sie diese Anpassung wirklich akzeptieren, ihre ursprüngliche Entscheidung also verändern, um zu einem Ausbildungsberuf zu kommen, bedeutet, dass sie vermutlich größere Enttäuschungen erleben, denn sie haben nicht nur mit den Betrieben, mit den Ausbildern, mit den anderen Bedingungen zu kämpfen, sondern eben auch mit ihren ganz anderen Vorstellungen von beruflicher Tätigkeit. Diese Jugendlichen stellen mehr als ein Drittel aller Jugendlichen (34% bei Rose u.a.).[1] Sie erscheinen als potentielle Abbrecher, weil sie den Wunschberuf nicht ergreifen konnten. Die Diskrepanz zwischen Berufswunsch und Berufsanspruch ist zu groß, so dass sie, bevor sie eine unbeliebte und wahrscheinlich auch wenig Erfolg versprechende Ausbildung weiterführen, diese abbrechen und nach anderen Ausbildungsmöglichkeiten suchen. Wer aber seinen Berufswunsch nicht realisieren konnte und selbst gewünscht eine zweitbeste Lösung akzeptierte, war wieder eher erfolgreich.[2] Damit wird die Übergangszeit eine Zeit ständiger Entscheidungen, in der die Haupt- und Realschüler zwangsläufig mit den Marktbedingungen konfrontiert werden. Eine Minderung der Belastung erfahren diejenigen Jugendlichen, deren Eltern ihnen beistehen.

Für Jung hängt eine Lösung der Schwierigkeiten davon ab, ob ein Zusammenwirken von objektiven Situationsmerkmalen und deren subjektivem Erleben bewältigt und verdeutlicht werden kann. Die Diskrepanz im Personen-Umwelt-Verhältnis des Betroffenen bildet für diesen eine besondere Herausforderung,

---

1 vgl. Rose, Petra/Staak, Yvonne/Wittwer, Wolfgang, Die Wirklichkeit ist gar nicht so anders, in: Berufsbildung, 84/2003 S. 3-7. Nach Beicht u.a. drohte dann verstärkt ein vorzeitiger Abbruch, wenn der Berufswunsch von einem derartigen Niveau war, dass der entsprechende Bildungsgang nicht als Folge dieses Berufswunsches wahrgenommen war. (Beicht, Ursula/Friedrich, Michael/Ulrich, Joachim Gerd, Ausbildungschance und Verbleib von Schulabsolventen in Zeiten eines angespannten Lehrstellenmarktes, BIBB (Hg.), Vorläufige Fassung im Internet März 2008, S. 261)

2 s. Beicht u.a., a.a.O., S. 194 und 231

die durch die Unausweichlichkeit der Entscheidung einen zusätzlichen Druck verursacht. Ein funktionierendes Personen-Umwelt-Verhältnis verliert durch eine aktuelle Herausforderung seinen ausbalancierten Status. In dieser Situation ist das betroffene Subjekt bestrebt, seinen Erfahrungskreislauf neu einzuregeln, das heißt, sein Dispositionsgefüge den veränderten Umweltbedingungen bzw. die Umwelt an die eigene Person anzupassen. „Nach mehreren Anläufen gelingt ihm vielleicht, eine neue/geänderte Personen-Umwelt-Balance zu verwirklichen."[1] Danach kennzeichnen Übergänge Perioden, in denen die Identität eine krisenhafte Entwicklung durchläuft, verbunden mit Gefahren des Verlustes aber auch mit Chancen der Neugestaltung. Hat das Individuum seine Identität oder Teile davon in dem Veränderungsprozeß durchgehalten, wird diese Identität zum Grundthema seiner weiteren Entwicklung.

Lackmann sieht für Jugendliche die größten Schwierigkeiten während der Ausbildung darin, dass die persönlichen Beziehungen belastet sind.[2] Hier läge dann ein Belastungsfaktor schon für den Übergang, wenn die Jugendlichen Schwierigkeiten, von denen sie fürchten, dass sie in der Ausbildung auf sie zukommen, auf die Berufswahl antizipieren und zum Kriterium ihrer Einstellung und Entscheidung machen.[3] Die am häufigsten genannten Gründe für ein Scheitern (24%) waren auf Differenzen mit dem Ausbilder zurückzuführen. „Versucht man, das allgemeine übergangstheoretische Konzept der Identitätsbewährung auf einen speziellen Übergang, z.B. den Übergang in das Ausbildungssystem zu übertragen, so ergeben sich drei Phasen, die in ihrer Ausgangslage einen ziemlich problemfreien Selbsterfahrungsprozeß in der Schule bilden. Die ursprüngliche Balance geht durch die Erkenntnis über das nahende Ende der allgemeinen Schulzeit und eine ungewisse Zukunft verloren."[4] Die Phasen, die sich dann ergeben, sind

Auslösung der Identitätskrise
Bewältigung der Identitätskrise
Realisierung von Identitätsmerkmalen.

---

1 Jung, Eberhard, Arbeits- und Berufsfindungskompetenz, in: Schlösser, Hans Jürgen (Hg.), Berufsorientierung und Arbeitsmarkt, Berg. Gladbach 2000, S. 93 – 116, hier S. 98

2 vgl. Lackmann, Jürgen, Arbeit – Beruf – Unternehmung, Weingarten 1993, S. 27

3 Die Neigung vieler Schüler, die befürchteten Schwierigkeiten mindestens zu vertagen, läßt sie die Chance attraktiv erscheinen, einen weiteren Schulbesuch vorzuziehen. Das wäre eine Haltung, die sie aus lebenslaufsoziologischer Perspektive betreiben: Gesellschaften sind keine statischen, sondern prozessuale Gebilde, in denen Individuen sich nicht rollenfixierende Strukturen einverleiben, sondern eine Selbstregulierung aktivieren, die hilft, Schwierigkeiten zu überwinden. (Lackmann, Reinhold/Wingens, Matthias (Hg.), Strukturen des Lebenslaufs, Weinheim/München 2001, S. 11)

4 Lackmann/Wingens, a.a.O., S. 27

Eine andere Einschätzung gewinnen Rose u.a.[1] In ihrer Studie belegen sie, dass der Grad der Zufriedenheit der Jugendlichen mit ihrer Ausbildung hoch ist. Das schließen die Autoren daraus, dass sie festgestellt haben, ein hoher Anteil der Absolventen einer Berufsausbildung würde diese Ausbildung noch einmal beginnen. In Westdeutschland nannten die Befragten diese Absicht zu 86%, in Ostdeutschland zu 92%. Die Interpretation wird andererseits auch von denjenigen bestätigt, die ihre Ausbildung nicht abgeschlossen haben, denn sie würden den Beruf nicht noch einmal wählen. Für Ausbildungsabbrecher sind es zu 70% betriebliche Gründe und zu 46% persönliche Gründe, die für den Ausbildungsabbruch maßgebend sind.[2] Diese Gründe treten damit eher innerhalb der Ausbildung und nicht tendenziell ablehnend vor Eintritt in die Berufsausbildung auf. Zu den betrieblichen Gründen zählen Konflikte mit Ausbildern, Meistern und dem Chef, sowie Konflikte mit Facharbeitern und Gesellen. Gründe, die mit der Situation in dem Prozeß der Berufswahl zusammenhängen, werden von den Jugendlichen nur zu 34% (bei Mehrfachnennungen) genannt und schulische Gründe lediglich zu 19%.

Die Schwierigkeiten, die im Übergang von der Schule in die Berufsausbildung zu finden sind, sind spezifisch für Übergangssituationen allgemein und deshalb nicht aus dem entwicklungspsychologischen Stand der Jugendlichen interpretierbar. Dem entspricht die Einordnung, dass Übergänge hinsichtlich der implizierten Unsicherheiten immer große Herausforderungen an die Identität der Betroffenen stellen. Sie gehen aber dennoch mit dem progressiven Empfinden einher, ein gewünschtes Ziel unter erschwerten Bedingungen erreicht zu haben.[3] Die geringe Überschaubarkeit und Transparenz dieser Situationen ist außerdem erhöht durch die Veränderung in den beruflichen Tätigkeiten: die Berufsbilder sind nicht statisch.

Den Schülern blieben nur die oben genannten Mechanismen, mit denen sie die Übergangssituation selbst bewältigen könnten. Der eine Mechanismus ist der Zwang zu Kompromissen, der als Interessenanpassung an berufliche Tätigkeiten vollzogen wird. Wenn das Entscheidungssubjekt die Entscheidungsalternative aufmerksam prüft, arbeitet es eine gute Lösung auf, solange es hoffen kann, dass überhaupt eine befriedigende Lösung möglich ist. Die betroffenen Jugendlichen können dann als selbstbestimmte Bearbeiter der Bruchstellen und kritischen Ereignisse im Lebenslauf werden, da diese von ihnen nicht routinemäßig bewältigt werden können.[4] Diese Chance erwächst auch aus ihrem Optimismus, der ihnen

---

1 vgl Rose, Petra/Staak, Yvonne/Wittwer, Wolfgang, a.a.O., S. 3

2 vgl. ebenda, S. 4

3 Jung, Eberhardt, Neue Formen des Übergangs in die Berufsausbildung: Das Ausbildungs-Übergangs-Modell, in: ders. (Hg.), a.a.O., S. 118-194

4 vgl. Oerter, Rolf, Lebensbewältigung im Jugendalter, Weinheim 1985

die Gestaltungsfähigkeit und –bereitschaft für die Bewältigung des Übergangs vermittelt. Umgekehrt mag sich die Resignation beim mehrfachen Scheitern daraus erklären.

Diese Realität ist die antizipierte Berufserfahrung Jugendlicher, die durch die Erfahrungen im Betriebspraktikum und in eigener Jobtätigkeit konkret gelernt wird. Der Übergang ist zwar ein tiefer Einschnitt in das Leben der Jugendlichen, er ist aber nicht unüberwindlich.

Im Urteil der Schüler vermitteln die Realbegegnungen die Arbeitsbedingungen besonders plastisch. Hier liegt ein wichtiger Aspekt für die Entscheidung, denn die Kenntnis der Arbeitsbedingungen beeinflußt diese nachdrücklich. Das gilt besonders dann, wenn im Praktikum der Berufswunsch getestet werden konnte.

Situation der Jugendlichen vor der Berufswahl

Die Situation der Jugendlichen vor der Berufswahl erklärt Ausubel[1] entwicklungspsychologisch[2]. Das trifft aber nicht das Problem, denn diese Erklärungsversuche gehen davon aus, dass die gegenwärtigen Berufsbilder statisch sind. Das sind sie jedoch nicht, sie verändern sich mit dem allgemeinen technisch-ökonomischen Wandel. Auf der Unveränderbarkeit der Berufsbilder basiert aber die Erwartung bei den Jugendlichen, Informationen über die künftigen Arbeitsverhältnisse erreichen zu können, damit der Übergang so reibungslos und konfliktfrei wie möglich verläuft[3]. Aber es handelt sich bei der Unsicherheit der Schüler nicht um ein Informationsproblem der Art der üblichen Orientierung an der Auseinandersetzung mit der Wahl zwischen verschiedenen Berufen, Ausbildungsmöglichkeiten in den Betrieben oder Schulen oder weiterem Schulbesuch, sondern vielmehr um die Frage, ob die Berufsbilder, die durch Informationen in der Schule und über die Berufsberatung vermittelt werden und in der allgemeinen Anschauung bekannt sind, den Realitäten und deren Veränderungen entsprechen. Die Konfliktsituation liegt gerade darin, dass die Jugendlichen das Auseinanderfallen von formal vorgetragenem Anspruch hinsichtlich der Berufstätigkeit und der gegenwärtigen Arbeitswirklichkeit erfahren. Gerade bei dieser Situation aber erscheint die Forderung nach Antizipation der künftigen Tätigkeiten problematisch, wenn damit die „vorstellungsmäßige Vorwegnahme zukünftiger Strukturen“ herbeigeführt werden soll,[4] die beim Eintritt in den Beruf nicht mehr dieselben sind.

Da die Hilfen, die Lehrer den Schülern bieten können, begrenzt und in einigen spezifischen Fällen nicht einmal möglich sind, müßten den Schülern Mechanismen genannt werden, mit denen sie die Übergangssituation selbst bewältigen können.[5]

Sie vollziehen dann für sich einen Anpassungsprozeß. Der beginnt damit, dass Berufswähler sich in ihren beruflichen Vorstellungen und Ausbildungsentscheidungen durchschnittlich an dem von ihnen erreichten Bildungsniveau und damit an den erreichbaren Ausbildungsmöglichkeiten orientieren. Der Realitätsbezug

---

1 vgl. Ausubel, David, Das Jugendalter, München 1970, S. 275

2 s. bereits S. 15

3 Die BA überprüft zwar in Abständen die Gültigkeit der Berufsbilder in den „Blättern zur Berufskunde“, dabei werden oft aber nur Details erfaßt. Eine umfassende empirisch fundierte Neugestaltung erfolgt in größeren Abständen.

4 Ries, Heinz, Berufswahl in der modernen Industriegesellschaft, Bern/Stuttgart 1970, S. 118

5 vgl. Jasper, auf deren Vorschläge in diesem Band hingewiesen wird.

steigt dabei mit zunehmender Annäherung an die Entscheidungssituation sowie bei unmittelbarer Konfrontation mit eintretenden Restriktionen.

Jugendliche sind in einem erstaunlichen Umfang bereit – anders als Jaide behauptet - auch auf Alternativen auszuweichen, wenn es erforderlich ist. Wichtig ist, das Ziel zu erreichen, in diesem Fall den Beginn einer Berufsausbildung. Diese Fähigkeit Jugendlicher kann in besonderem Maße sicherlich auch bei der Interpretation der betrieblichen Realität eine Rolle spielen,[1] die ihnen in Betriebspraktika erlebbar wird und als erstes Erfahrungslernen in der Praxis zur Verfügung steht.

Die Ergebnisse dieses Erfahrungslernens sind beeinflußt von den Möglichkeiten der Schülerinnen und Schüler, ihren Wunschberuf im Praktikum prüfen zu können.[2] Entsprechend der von uns herausgefundenen Differenzierung des Berufswahlsystems in die Teilbereiche Berufsberatung, Berufswahlunterricht, Familie und Berufswähler (einschl. der Peer-group) erfahren die Jugendlichen in den Praktika sowohl Informationen über den Arbeitsalltag als auch über die Arbeitsbedingungen. Ihre Kenntnisse und Erfahrungen aus den Betriebspraktika – und zusätzlich und ergänzend aus eigenen Realkontakten (z.B. Ferienjobs) - sind für sie eine Basis für Berufswahlentscheidungen und sichern diese gleichzeitig.[3] Die anderen genannten Teilbereiche vermitteln ebenfalls für sie spezifische Informationen, so z.B. die Agentur für Arbeit über das Arbeitsplatzangebot in dem Beruf und über die Aufstiegsmöglichkeiten. Der Übergang ist keine Situation, in der Handeln nur nach dem „Reiz-Reaktions-Schema" möglich ist. Die jungen Menschen handeln nach einer vom Übergang entwickelten und von ihm ausgehenden Dynamik. Es wird damit ein Prozeß gestaltet und er wird damit für Auswertungen beschreibbar, in dem Anpassungsforderungen an die Person gestellt werden, in dem aber auch von der Person Anpassungsforderungen an die „Umwelt"[4] gestellt werden und beide zu einer entsprechenden Lösung beitragen.

Zur Erfassung der Bedingungen in der Realsituation des Übergangs – so scheint uns – ist es erforderlich, Erhebungen vorzunehmen, mit denen es gelingen kann, ihre Einflüsse auf das Verhalten der Berufswähler zu erfassen.

---

1 vgl. ebenda, S. 62 – Bei Jaide war gerade die Inflexibilität der Jugendlichen konstatiert – aber nicht bewiesen – worden.

2 Beinke, Lothar/Richter, Heike/Schuld, Elisabeth, Bedeutsamkeit der Betriebspraktika für die Berufsentscheidung, Bad Honnef 1996, S. 84 f.

3 vgl. ebenda, S. 63 und 66

4 Mit Umwelt ist hier die soziale Umwelt, das Umfeld im sozialen Gefüge gemeint, in dem der Jugendliche lebt. Das schließt die ökologische Umwelt als Teilgebiet ein.

Bisherige Analysen des Verhaltens Jugendlicher im Prozeß der Berufswahl haben in bezug auf die Berufsorientierung und Berufsentscheidung relativ unbeachtet gelassen, wer außer den zweifellos vorhandenen und entsprechend den Analysen nachgewiesenen, strukturellen Details nach Informationsagenten und -medien Einflüsse ausübt. Die Wirkung der hier erscheinenden Übergangsprobleme sind zwar diskutiert worden, allerdings ohne empirische Belegversuche. Die hypothetischen Vermutungen dieser Autoren wurden nicht an den Äußerungen der Schüler der allgemein bildenden Schulen überprüft, noch weniger wurden Kontrolluntersuchungen der Schüler dieser Kohorte vorgenommen, die nach Aufnahme der Berufsausbildung eine Darstellung darüber zuließen, was auf den Jugendlichen in der Ausbildung an Beschwernissen des Übergangs tatsächlich belastend gewirkt hat, inwieweit also Belastung durch Aufklärung oder institutionelle Hilfen hätte abgebaut werden können.

Eintritt in das Berufsleben

Dass es beim Eintritt in das Berufsleben – darin ist eingeschlossen der Eintritt in die Berufsausbildung – Konflikte gibt, wird von Pädagogen, Soziologen, Psychologen und Ausbildern zwar als gegeben angenommen aber teilweise nicht mehr als unabänderlich hingenommen. Das letztere kann weder im Sinne der Betriebe, noch im Sinne der betroffenen Jugendlichen akzeptiert werden, denn die Störungen, die daraus resultieren, mindern den Ausbildungserfolg, der neben den psychischen Faktoren und den pädagogischen Ansprüchen auch aus ökonomischem Grund als wichtiger Humanfaktor eher optimiert werden sollte. Darauf haben sowohl Gerda Jasper als auch Reinhold Weiß aufmerksam gemacht.[1]

Untersuchungen über Konfliktursachen, Konfliktpotentiale und Konfliktwirkungen sind deshalb auch Gegenstand wissenschaftlicher Forschung geworden. Friedrich Fürstenberg, Gerlinde Seidenspinner, Hellmut Lamszus, das Deutsche Jugendinstitut, auch Klauder und Pawlowsky[2] haben sich des Themas angenommen.[3] Dennoch mußten Heinz[4] 1988 und Stegmann zur gleichen Zeit feststellen, dass zur Frage nach den subjektiven Auswirkungen, den Problemwahrnehmungen und Handlungsstrategien angesichts der sich verschärfenden Chancenungleichheit auf dem Arbeitsmarkt viele Spekulationen aber wenige, auf den gesamten Übergangsprozeß bezogene Forschungsergebnisse vorliegen. Heinz fragt: mit welchen Erwartungen und Ansprüchen beginnen Jungen und Mädchen der verschiedenen sozialen Schichten ihre Berufsausbildung? Wie verändern sich diese im Verlauf der Statuspassagen in den Arbeitsmarkt?

In seinem Fazit[5] stellt er fest, dass die Probleme des Überganges - damit meint er die Synchronisierung von Ausbildungsverläufen und Erwerbschancen - durch

---

1 Wir gehen mit einer Darstellung auf S. 26 ff. darauf ein

2 Klauder, W., Ohne Fleiß kein Preis, 2. Auflage Osnabrück 1990, Pawlowsky, P., Arbeitseinstellung im Wandel, München 1986. Eine Studie der IAB – Karl Frey u.a., Mitt. AB 4/1979, beschäftigt sich mit den quantitativen Problemen des Übergangs – Der Übergang eines Schülerjahrgangs in das Ausbildungssystem, wie auch die Studie von 1978.

3 Der Vollständigkeit halber erwähnen wir auch den Band „Von der Schule in den Beruf", Opladen 1983, den H. Friebel herausgegeben hat. Der Sammelband ist nur teilweise für die Reflektion zu diesem Thema geeignet, weil er im engeren Sinne nur einen Teil des Themas wirklich behandelt. Den Erwartungen, es handele sich vorwiegend um das Übergangsproblem von der Schule in die Berufsausbildung wird die Arbeit nicht gerecht.

4 Heinz, Walter R., Übergangsforschung – Überlegungen zur Theorie und Methodik, in: Deutsches Jugendinstitut (Hg.) Berufseinstieg heute, München 1988

5 ebenda, S. 26 f.

die Arbeitsmarktkrise erschwert werden. Dadurch entstehen Diskontinuitäten im Lebenslauf, die den Jugendlichen auch eigenständige Lösungen abverlangen.

Anders geht Stegmann[1] davon aus, dass sich bei den Übergängen in den letzten Jahren zahlreiche Veränderungen ergeben hätten. Das veränderte Übergangsverhalten habe die Situation auf dem Ausbildungsstellenmarkt verschärft und letztlich sei auch die Beschäftigungskrise nicht ohne Wirkung auf das Übergangsverhalten geblieben. Die Gründe für das veränderte Übergangsverhalten bleiben vage, die Darstellung der Rolle des Elternhauses und auch der Rollen von Verwandten und Bekannten als Vermittler beim Übergang in eine betriebliche Berufsausbildung zwinge eine neue Betrachtung des Problems auf, zu dem besonders die Elterneinflüsse[2] berücksichtigt werden müßten. Zwei von fünf Ausbildungsverträgen würden aufgrund der Unterstützung durch die Eltern abgeschlossen.[3] [4]

Hans-Peter Schäfer sieht nicht diese oder andere Formen von Kontinuitäten.[5] Vielmehr erkennt er bei näherer Betrachtung, „dass der Übergang von der Schule in die Arbeitswelt bisher keineswegs immer als geradliniger und konfliktfreier Prozeß verlief, sondern auch früher oftmals mit gravierenden Schwierigkeiten und Friktionen verbunden war, die den Heranwachsenden wie die Gesellschaft vor ernste Probleme stellten.“[6] Es sei ein Grundproblem der modernen Industriegesellschaft und es handle sich bei den Übergängen von der Schule in die Berufsausbildung um tiefgreifende Veränderungen. Deshalb erscheint es für

---

1 Stegmann, Heinz, Jugend beim Übergang in Arbeit und Beruf, in: Deutsches Jugendinstitut (Hg.) Berufseinstieg heute, München 1988

2 Diese Einflüsse haben wir sowohl in Elterneinfluß auf die Berufswahl, Bad Honnef 2000, als auch in Familie und Berufswahl ebd. 2002 nachgewiesen

3 vgl. Stegmann, a.a.O., S. 48

4 Bernat, Walter/Wirthensohn, Martin/Löhrer, Erwin, stellen die Probleme des Prozesses, den Jugendliche im Übergang von der Schule in die Ausbildung und in den Beruf absolvieren, im Rahmen einer Längsschnittuntersuchung in einer repräsentativen Stichprobe von 11- bis 21-jährigen Zürichern vor. Es wurden 1.521 Männer und Frauen 1974 in den sechsten Klassen der Züricher Primarschule befragt im Altersabschnitt von 11 bis 21 Jahren. - Jugendliche auf ihrem Weg ins Berufsleben – Bern und Stuttgart 1989
Diese Studie wurde für unser Projekt nicht mit herangezogen, weil die Ergebnisse einer schweizerischen Untersuchung dieser Art zwar eine Vergleichsmöglichkeit bieten, da die Unterschiede im Schulsystem, aber besonders im System der Berufsausbildung und der Berufsberatung sehr stark zu dem deutschen System differieren, erscheint ein Vergleich im engeren Sinne nicht praktikabel.

5 Schäfer, Hans-Peter, Der Übergang von der Schule in die Arbeitswelt – Ein zentrales Problem in unserer Gesellschaft, in: Schäfer, Hans-Peter/Sroka, Wendelin (Hg.), Übergangsprobleme von der Schule in die Arbeitswelt, Berlin 1998, S. 9 - 24

6 ebenda, S. 9

ihn nur eine Entschärfung der Lage der Jugendlichen zu geben, keinesfalls eine Lösung.

Auch nach Gisela Westhoff[1] sehen die Heranwachsenden den Übergang von der Schule in die Arbeitswelt als eine der wichtigsten Lebenszäsuren an, in denen nicht nur ein formaler Wechsel zustande kommt, sondern ein Wechsel von einer Lebensphase in eine andere. Eher wie Stegmann erscheint Preiss[2] der Übergang nicht abrupt, so wie er noch bei Schäfer erscheint. Vielmehr handele es sich um prozeßhafte Vorgänge, die von den verschiedenen Sozialisationsagenten: Schule, Arbeitsverwaltung, Betrieben mit Praktika, Eltern, Freunden usw. mitgestaltet, strukturiert und gemildert werden.

Die Untersuchungen von Wolfgang Mack, Erich Raab und Hermann Rademakker[3] und deren Studie des Deutschen Jugendinstituts von dem Verhalten Jugendlicher in Duisburg und München zeigen, dass die Arbeitsorientierung von Jugendlichen übereinstimmend in beiden Untersuchungsgebieten hoch liegt, dass aber andererseits nach Verlassen der Schule eine Situation der Unsicherheit vorliege und Orientierungsmängel verbreitet seien und zwar bei der konkreten Realisierung des Berufseinstiegs. Dazu würden den Jugendlichen weder von den Eltern noch von den Schulen ausreichende Beiträge zur beruflichen Orientierung vermittelt. Durch das Ausblieben der Unterstützung sieht Rademacker den Übergang deshalb auch eher als einen abrupten oder zumindest nicht kontinuierlichen Prozeß.

Fürstenberg führt die Konflikte auf den Widerspruch zwischen den individuellen Erwartungen und den objektiven Anforderungen zurück. Sie seien eher Normenkonflikte, die dadurch heute besonders zu beachten seien, weil es „heute kaum noch ein harmonisiertes ... Hineinwachsen ... in (den) zukünftigen Beruf (gebe)“.[4] Dieser Vorgang sei in Phasen strukturiert.

Fürstenbergs entwicklungsgeschichtliche Erklärung des Vorganges als „Entharmonisierung“ erscheint treffend, aber in ihrer Prognose der bleibenden, nicht

1 Westhoff, Gisela (Hg.) Übergänge von der Ausbildung in den Beruf, Bielefeld 1995

2 Preiss, Christine, Von Orientierungslosigkeit zur Handlungskompetenz, in: Westhoff, Gisela (Hg.) Übergänge von der Ausbildung in den Beruf, Bielefeld 1995

3 Mack, Wolfgang/Raab, Erich/Rademacker, Hermann, Schule, Stadtteil, Lebenswelt, Opladen 2003

4 Fürstenberg, Friedrich, Wirtschaftsbürger in der Berufsgesellschaft? Osnabrück 1997, S. 64 – Fürstenberg suggeriert damit ein „harmonisiertes Hineinwachsen“ als früher gelungene berufliche Sozialisation, s. dazu Stürmer, Michael (Hg.),Herbst des alten Handwerks, München 1979 besonders das Kapitel: Gesellen - ein unbehauster Stand, in dem gerade die durch die Zünfte aus der Ökonomie des Überlebens erzwungenen Hindernisse vor dem Übergang in den Meisterstand in Quellen belegt werden.

veränderbaren Einstellungs- und Verhaltensänderungen statisch. Als Lösungsinstrument gebe es keine Lösung durch Institutionalisierung. Eine solche wird aber mit den Betriebspraktika angeboten. Aus den akuten Bedürfnissen der Betriebe heraus werden diese auch von den Betrieben durch Maßnahmebündel empfohlen und praktiziert.

Die erste Phase ist nach Fürstenberg die der Vorbereitung auf den Übergang. In diese Phase fällt auch die Aneignung berufsrelevanter Einstellungsweisen und Verhaltencodizes, z.B. allgemeine Grundlagen für „richtiges" Verhalten im Berufsleben, deren Bedeutung angesichts der Erfordernisse der speziellen funktionellen Bedingungen im Rahmen hoch rationalisierter Leistungszusammenhänge öfter übersehen werden. Sie betreffen eine tiefer greifende Verhaltensgrundlage. Sie drücken sich aus u.a. in Pünktlichkeit, Sauberkeit und Arbeitsdisziplin. Der junge Mensch ist beim Eintritt in das Berufsleben also schon durch Elternhaus, soziales Umfeld und Schule weit vorgeprägt. Diese Vorprägung jedoch führt in der Schule wegen der Eigengesetzlichkeit der dort ablaufenden Sozialisationsprozesse gegenüber den anderen Sozialisationsagenturen evtl. zu widersprüchlichen Normvorstellungen. Es hat sich ein Einstellungswandel, ein Verhaltenswandel ergeben, der sich z.B. – wie Allerbeck[1] zeigt – in der Schule von einer angepaßten Haltung gegenüber den neuen Anforderungen im Beruf zu einer kritischen Einschätzung verändert, während die Anforderungen an Ausbildung und Beruf sich nicht in gleicher Weise verändert haben. Das gilt auch in der Haltung zu den Themen: „Technischer Fortschritt" und „Wirtschaftswachstum" und nicht nur zu den oben genannten Verhaltensgrundlagen.

Die Arbeitsbereitschaft und insbesondere die Arbeitsfreude werde heute zunehmend an das Erlebnis der Selbstentfaltung bzw. der Selbstverwirklichung gebunden; Fleiß, Genauigkeit und Pünktlichkeit träten demgegenüber zurück. Während 1962 noch 50,4% der befragten Jugendlichen die Meinung vertraten, „ohne Arbeit ist ein glückliches Leben kaum möglich", waren das bei einer Anschlußbefragung im Jahre 1983 nur 43,2%.[2] [3] Der daraus entstehende Konflikt ist evident

Die Analyse des Übergangs mit seinem Problem, wie Fürstenberg sie vorlegt, führt bei Jasper zu Lösungsvorschlägen. Fürstenberg hat die gegebene Chance s. Zt. nicht gesehen. Jasper führt also quasi in einem praktikablen Programm Fürstenberg weiter, ohne seine Begrifflichkeit der „Entharmonisierung" zu über-

1 Allerbeck, K., Arbeitswerte im Wandel, in: Mit AB. Nürnberg 1985, S. 209 - 221

2 Erstaunlich ist bei dieser Erhebung, daß die weiblichen Jugendlichen in den beiden Erhebungszeitpunkten ihre Meinung nicht änderten (33,4% - 1962; 32,6% - 1983).

3 vgl. Fürstenberg, a.a.O. S. 156 f. und dort auch Tabelle 1

nehmen.[1] Während Fürstenberg noch die Probleme als nicht überwindbar sah, nach dem es kaum noch ein harmonisiertes Hineinwachsen in den Beruf gebe, entwickelt Jasper ein Modell. Fürstenbergs Vorschläge zur Änderung der Einstellungs- und Haltungsänderungen dagegen bleiben unpräzise, sind wenig konkret. Zur Überwindung dieser Konflikte schlägt er vor, auf Einstellungs- und Haltungsänderungen abzustellen im Sinne einer Anpassung an die gegebenen Verhältnisse, die er allerdings selbst für wenig erfolgversprechend hält.[2] Diese Versuche zur Lösung der Normenkonflikte sieht Lamszus kritisch. Lamszus[3] vermutet, daß der Konfliktgrund Betrieb schon im Zusammenhang mit einer ersten Kontaktaufnahme von Jugendlichen zu Betrieben in Betriebspraktika entsteht.[4] Ein Praktikum könne Probleme durchaus verschleiern, da es befristet sei und eine arbeitsrechtliche Sonderstellung habe. Wir halten dagegen ein Praktikum, das im späteren Ausbildungsbetrieb absolviert wird, für ein Instrumentarium, Unsicherheiten und Ängste abzubauen. Zwar hat der DA den Praktika die Funktion zugeschrieben, eine Hilfe zu bieten, eigene Erfahrungen und Interessen zu überprüfen, auch Schocks zu umgehen und Anpassungsschwierigkeiten zu mildern, die beim unvorbereiteten Eintritt in den Betrieb leicht entstehen. Wieweit die Praktika aber Chancen geben, diese Funktion zu erfüllen, wird jüngst von Kaminski bezweifelt, denn nur wenn die Erfahrungsergebnisse von Betriebspraktika nicht dadurch entstellt werden, dass die Betreuung der Praktika denjenigen Lehrern (besonders gern den Klassenlehrern) zugewiesen wird, ohne dass die „... selbst auch nur die geringsten Kenntnisse fachwissenschaftlicher und fachdidaktischer Art“ besitzen müßten, erfahren die Schüler bestenfalls eine gefilterte Realität.[5]

Unsicherheit kann bei den Schülern im Praktikum dann entstehen, wenn die dort erlebte Realität nicht mit der in der Ausbildung vorfindlichen vergleichbar ist. Lamszus' Skepsis könnte für den Fall zutreffen, wenn die das Praktikum betreuenden Lehrer ohne eigene Kenntnisse von der Wirtschafts- und Arbeitswelt an die Sache herangehen und diese Welt ideologisch verzerren oder bestenfalls naiv

1 Insofern ist ihr Ansatz rein pragmatisch.

2 vgl. hier die kritischen Anmerkungen von Lamszus, Hellmut, Konflikte Jugendlicher beim Übergang von der Schule in den Beruf, in: Beinke, Lothar, (Hg.) Zwischen Schule und Berufsbildung, Bonn 1982, S. 173 - 193

3 vgl. Lamszus, H., Konflikte Jugendlicher a.a.O., S. 178

4 Nach den Ergebnissen Lederers ist diese Meinung nicht plausibel, da (s. a.a.O., S. 174) die Jugendlichen - sich von ihrer Schule entfernend – innerlich die Erwartungen aufzunehmen versuchen, die der Übergang an sie stellt. Sie erwarten durchaus, dass ihnen ein Rollenwechsel bevorsteht.

5 Kaminski, Hans, Problemfelder für die Entwicklung der ökonomischen Bildung im deutschen allgemein bildenden Schulwesen, in: ders./Krol, Gerd-Jan (Hg.), Ökonomische Bildung, Bad Heilbrunn 2008, S. 61 ff

interpretieren. Die Auswertung einer Analyse in Betriebspraktikumsberichten[1] ergab z.B., dass durch Praktika von insgesamt 17.448 Schülern, die an einer Betriebspraktikumsveranstaltung teilgenommen haben, 29% in handwerklichen, 17% in industriellen, 30% in Dienstleistungs- und Handels-, 3% in landwirtschaftlichen und 21% in sozialpflegerischen Betrieben eine Praktikumsstelle bekommen hatten. Die Praktikumsplätze waren wohl nicht nach den Wünschen der Schüler und auch nicht nach der später realisierten vertraglichen Lehre vorgenommen. Deshalb vermutet Ausubel[2] auch, dass es sich bei den Schülern nicht um deren Informationsproblem handelt, sondern um die Frage, ob die Informationen in der Schule über die Berufsberatung den Realitäten entsprechend vermittelt werden.[3] Auch die Lösungsvorschläge, die Gerlinde Seidenspinner zu den Übergangsschwierigkeiten vorgelegt hat, erscheinen Lamszus als „harmonistisch-funktionalistisch“ und ergeben wenig Anlaß zur pädagogischen Hilfestellung,[4] denn diese Problemlösungsstrategien seien nur individualistisch orientiert.

Demgegenüber ist Lamszus pessimistisch. Er wirft den Autoren vor, die strukturellen Lösungen vorhandener Probleme zu ignorieren oder zu bagatellisieren. Lamszus erkennt bei Seidenspinner einen Kompensationsansatz, den er als Lösungsansatz für wenig geeignet hält. Sein eigener Lösungsvorschlag geht davon aus, daß die Konflikte in der Berufs- und Berufsentscheidungsphase überwiegend nur in zweiter Linie durch ein Auseinanderfallen von beruflichen Wunschvorstellungen und beruflicher Realität verursacht würden. Zur Lösung schlägt Lamszus vor, primär die personalen Komponenten herauszuarbeiten. Unter personalen Komponenten versteht Lamszus die Probleme im Elternhaus, wenn jugendliche Berufswähler von ihren Eltern daran gehindert werden, nicht ihren Wunschberuf zu ergreifen, sondern statt dessen einen ungeliebten anderen; oder umgekehrt, wenn die Jugendlichen ihre Berufsentscheidung gegen den Elternwillen treffen und durchsetzen. Dies seien Konfliktsituationen, die nicht primär

---

1 Analyse der Betriebspraktikumsakten für Schülerbetriebspraktika beim Regierungspräsidenten Osnabrück, Akten-Nr. 50324/1, Band 1 u. 2, für die Jahre 1973 und 1974

2 vgl. Ausubel, David, a.a.O., S. 275

3 Kritische Analysen, die dem Wissensstand von Pädagogen über die Wirtschafts- und Arbeitswelt nachgehen, haben eine lange Geschichte und kommen überwiegend zu dem Ergebnis, dass gewerkschaftsnahe und marktwirtschaftsdistanzierte Haltungen das Bild vieler Lehrer von der Wirtschaftswelt prägen und das sie auch an ihre Schüler weitergeben. Auch deutlich sozialistische Interpretationen des marktwirtschaftlichen Systems kommen vor. Das kann die Übergänge für die Schüler auch belasten, wir beschränken uns aber auf diese Hinweise und auf unser Ergebnis in: „Berufsorientierung und peer-groups und die berufswahlspezifischen Formen der Lehrerrolle“, Bad Honnef 2004 – aus denen man im extremen Fall außer geringen Kenntnissen der oben genannten Themen auch Ignoranz ablesen kann.

4 vgl. ebenda, S. 181

durch berufliche sondern durch personale Zusammenhänge bedingt seien.[1] Hier seien die Möglichkeiten einer schulischen Berufsvorbereitung zur Hilfestellung für die Bewältigung gering. Vermittlungsversuche der Schule z.B. würden als grundsätzliche Einmischung von den Familien interpretiert und abgelehnt. Der Lehrer hätte dann nur die Möglichkeit, durch Informationen Einfluß zu nehmen, was letztlich eine wirksame Vorbereitung im Unterricht der allgemein bildenden Schule zur Übergangsproblematik ausschließe.

Damit verläßt Lamszus auch schon die Möglichkeiten, Problemlösungen zu entwickeln, die vor den von ihm genannten Schwierigkeiten auftreten, die dann in der betrieblichen Ausbildung virulent werden. Das Beispiel von Lamszus verrät, daß er den Umfang der vorberuflichen Problem- und Konfliktstruktur und Konfliktbildung nicht in seiner Analyse berücksichtigt hat. Lamszus unterläßt auch eine Analyse der Gründe, die zu einer spezifischen Berufswahl führen. Das aber wäre besonders dann wichtig, wenn er – zu Recht – davon ausgeht, dass eine determinierte Berufswahl durch den Elternwunsch nicht mehr gegeben ist. Lamszus reduziert den Konflikt lediglich auf bestehende Diskrepanzen zwischen dem Berufswunsch der Jugendlichen und den Vorstellungen der Eltern von der beruflichen Zukunft der Kinder. Das mag noch in den 70er Jahren ein Konfliktpotential gewesen sein, für die heutigen Verhältnisse, in denen die Eltern überwiegend helfend ihren Kindern in der Berufswahl zur Seite stehen, erwachsen Probleme eher aus der Unsicherheit einer „richtigen“ Berufswahl und den Erhalt eines Ausbildungsplatzes. Die von den Eltern vorgegebene „Vererbung“ der Berufe, die Lamszus noch unterstellt, wird zunehmend von den Jugendlichen ignoriert und von den Eltern kaum noch durchzusetzen versucht, ist deshalb kaum noch Realität .[2]

Keine der hier vorgestellten Untersuchungen scheint geeignet zu sein, die pädagogisch erzieherischen Probleme zu erkennen und zu mildern, die in den Übergangssituationen auftreten. Diese sind weit eher naheberührende Probleme, die die Schwierigkeiten, die dann in den Betrieben und in den Berufsschulen auftreten, auslösen oder bewirken. Die Lösung solcher Probleme können die später auftretenden evtl. vermeidbar machen.

Will man zu Lösungsmöglichkeiten gelangen, dann gilt es, zuerst Erkenntnisse darüber zu gewinnen, wie die Schüler den bevorstehenden Übergang selber sehen, ob deutlich wird, wo ihnen Schwierigkeiten oder Lösungen möglich er-

---

1 ebenda, S. 178

2 vgl. Beinke, Lothar, Elterneinfluß ... a.a.O., und ders., Berufsorientierung und peer-groups, Bad Honnef 2004

scheinen, oder ob auf Hilfe gehofft wird, m. a. W.: es fehlt noch die empirische Basis für die Entwicklung pädagogischer Gestaltungen.

Einige kleinere empirische Versuche machte dazu Lederer[1]. In seiner Studie antworteten 47,3% der von ihm befragten Schüler, sie seien von der abgebenden Schule ausreichend auf das Berufsleben vorbereitet und 59,0%, sie seien auf die Berufsschule ausreichend vorbereitet worden. Die Vorbereitung stellte also für die Übergänge ein Problem für die Schüler dar.[2] Den Wechsel vom Schüler zum Auszubildenden sieht Lederer kaum als schwierig, weil der neue Sozialstatus mit Freuden erwartet werde – von 86,8%.[3] Wenn trotzdem der Übergang belastet sei, dann habe der Lehrer in der Abgangsklasse in der Darstellung der unterschiedlichen Bildungsräume die Realität nicht angemessen dargestellt, d.h. die Schule sei dann zu positiv, der Betrieb zu negativ dargestellt worden. Lederer – so scheint uns – beachtet das Elternhaus zu wenig, wenn er nur die Schule in die Verantwortung nimmt.

Um mit Fürstenberg zu sprechen, eine Harmonisierung des Übergangs – Herstellung des ursprünglichen Zustandes – sei durch sachgerechte Informationen an die Schüler möglich. Um das belegen zu können, müßten zunächst die Ursachen der Enthumanisierung des ursprünglichen Zustandes analysiert werden, und – mehr noch – belegt werden, dass der Urzustand des Übergangs harmonisch war.[4]

1 vgl. Lederer, Joachim, Problem des Übergangs von der Schule in den Beruf, München 1961
2 ebenda, S. 128
3 ebenda, S. 169
4 s. Stürmer, Michael (Hg.), Herbst des alten Handwerks, München 1988

Neuere Forschung mit Modellbildung zur Lösung von Übergangsproblemen

In jüngster Zeit liegen weitere, neuere Untersuchungen zum beruflichen Einstieg vor, die bei den Diskussionen beachtet werden müssen. Da ist zunächst die Arbeit von Gerda Jasper[1], die aus betrieblicher Sicht die Lage des Nachwuchses analysiert. Sie verdient wegen dieses Ansatzes allein eine entsprechende Berücksichtigung.

Die Autorin differenziert nach individuellen und strukturellen Bedingungen die Schwellenstruktur für den beruflichen Einstieg. Jaspers Interesse bei ihrer Untersuchung ist das Interesse der ausbildenden und später Mitarbeiter beschäftigenden Betriebe und Unternehmungen. Demgegenüber waren die zuvor vorgestellten Studien analytischen Charakters. Da für die zukünftige Entwicklung allgemein erwartet wird, dass die Betriebe bei der Rekrutierung von Fachkräften sowohl quantitativ als auch qualitativ Schwierigkeiten haben werden, müssen deshalb Methoden und Maßnahmen überlegt werden, um die geeigneten Bewerber anzusprechen, d.h. für die Mitarbeiterrekrutierung gerade auch die potentiellen Mitarbeiter aus der Ausbildung anzusprechen.[2]

Studien wie diese und die Überlegungen von Reinhold Weiß sind neu. Sie erscheinen deshalb erwähnenswert, weil an der Erweiterung über die Diskussion der Hürden für Schüler im Übergang von der Schule in die Ausbildung erkennbar wird, wie bei der Berücksichtigung sozialer Faktoren bei der Nachwuchsrekrutierung auch die nachhaltige Bedeutung personalpolitischer Entscheidung der Betriebe eine immer stärkere Rolle spielt. Dies habe ich für das gesamte deut-

---

1 Jasper, Gerda, Beruflicher Einstieg – Wichtige Etappe aus individueller Sicht, in: Jasper, Gerda/Wählisch, Birgitt (Hg.), Wettbewerb um Nachwuchs und Fachkräfte, Mering 2004 S. 69 – 76. Wir haben oben bereits auf sie hingewiesen.

2 Reinhold Weiß verweist auf den kommenden verschärften Wettbewerb um Schulabgänger, die Lehrstellenbewerber künftig unter unterschiedlichen Angeboten auswählen können. – Vgl. Weiß, Reinhold, Demografische Herausforderung, in: Wirtschaft und Berufserziehung, 7/2006, S. 13 – In diesem Zusammenhang fällt auch eine Darstellung über Ergebnisse eines Modells der Metall- und Elektroindustrie, die sich der fachlichen und methodischen Förderung vom Grundschulalter an widmet, um die Nachwuchswerbung zu aktivieren. Darin sind die Vermittlung ökonomischer und technischer Inhalte im Unterricht besonders gefordert. Solche oder ähnliche Projekte mag es in größerer Zahl geben, sie bieten jedoch keine Ansätze zur Lösung der persönlichen Probleme Jugendlicher, sie vertrauen eher auf die herkömmlichen Lösungen fachlicher betriebsspezifischer Qualifikationen.

sche Bildungssystem reklamiert,[1] sie können damit durchaus einen Beitrag zur Lösung bieten.

Es gibt weitere jüngere Forschungen, die sich mit Aspekten des Themas beschäftigen, die hier deshalb erwähnt werden, um zumindest im Ansatz einen Überblick über die gegenwärtige Forschungsentwicklung zu geben.

Untersuchungen über den Übergang gab es aus der Berufswahlforschung zur Wirksamkeit des Internets.[2] Beschäftigung mit Übergangsproblemen in jüngerer Zeit stellen - neben der Entwicklung von Modellen für eine bessere Nachwuchsrekrutierung angesichts des absehbaren Nachwuchsmangels durch die progressive Entwicklung der Wirtschaft, besonders im Bereich der Entwicklung der Hochtechnologie und durch den demografischen Wandel - auf die Unterstützung für Gruppen Benachteiligter, wie Behinderte, Migranten und in einigen Bereichen von Frauen (Gender)[3] ab. In einem besonderen Bereich beschäftigt sich die Berufswahlforschung mit dem Einfluß des Fernsehens und der Wirkung der sprachlichen Berufsbezeichnungen, die dem Abbau von Darstellungen entgegen wirken sollen, die durch Schwerverständlichkeit der Sprache und Begriffe erzeugt wird. Das gilt besonders, wenn die Umstände der Berufswahl derart schwer verständlich dargestellt werden.[4] In gewisser Weise überspringen diese Projekte den Prozeß, der – beeinflußt von den Faktoren, die Berufswahl und Ausbildungseintritt mitbestimmen – sich in den Individuen als Belastung durch Unsicherheit und Ungewißheit, Entscheidungs- und Anpassungsprobleme entwickelt.

Weitere Modelle, mit denen Schulen mit oder ohne Unterstützung Übergangshilfe leisten wollen, sind in Tagungsbänden und anderen Sammeldarstellungen

---

1 vgl. Beinke, Lothar, Bildungsbarrieren, in: Seeber, Günther, (Hg.) Die Zukunft der sozialen Sicherung – Herausforderungen für die ökonomische Bildung, Bergisch Gladbach 2006, besonders S. 190

2 Ich nenne hier eine Auswahl aus der Zahl jüngster Publikationen: Beinke, Lothar, Das Internet – ein Instrument zur Berufsorientierung Jugendlicher?, Frankfurt 2008; Dostal, Werner/Troll, Lothar, Die Berufswelt im Fernsehen, 2004; Prager, Jens/Wieland, Clemens, Jugend und Beruf, 2005; Michel, Lutz/Pelka,Bastian, Die Darstellung von Berufen im Fernsehen, 2006; Krüger, Udo Michael, Berufe im Fernsehen, 2006 Beachtenwert ist – auch wenn er nicht die Wirksamkeit des Internets untersucht – der Aufsatz von Holger Arndt – Digitale Medien im Berufswahlunterricht, in: Jung, E. (Hg.), a.a.O., S. 214 - 223

3 s. dazu Meschenmoser, Helmut, Berufsorientierung von Jugendlichen mit Lernproblemen, in: Jung, E., a.a.O. S. 224 - 237

4 vgl. Ulrich, Joachim Gerd u.a., Berufsbezeichnungen und ihr Einfluß auf das Berufsinteresse von Mädchen und Jungen, in: Sozialwissenschaften und Berufsprozeß, 27. Jg., Heft 4, S. 419-434; Kreweth, Andreas, Der Einfluß von Berufsbezeichnungen auf die Berufswahl von Jugendlichen, in: Berufsbildung in Wissenschaft und Praxis, 33. Jg., Heft 1, S. 43-47

zu finden.[1] Unsere Studie will die die Individuen belastenden Faktoren untersuchen. Dabei sind es nach unserer Einschätzung Unsicherheiten, die sich aus den eigenen Rollenveränderungen und aus den fremden, unbekannten Rollenerwartungen ergeben.

Die Unsicherheiten sind u.E. durch Hilfen – z.B. im Verhalten und im Verständnis der Ausbilder – abzumildern, sie sind nicht ursächlich auf die Verhältnisse in Industriegesellschaften zurückzuführen, sind vielmehr ein Phänomen, das den in nahezu allen Gesellschaftsformen – in unterschiedlicher Ausprägung – stattfindenden Initiationsprozessen inhärent ist. Und sie treten nicht abrupt auf. – Unsere Annahmen, die einigen bisher vertretenen Darstellung entgegenlaufen, mit anderen aber vergleichbar erscheinen, werden wir zu überprüfen versuchen. Sie sind der zentrale Aspekt unseres Themas.

1 Bley, Nikolaus/Rullmann, Marit (Hg.), Übergang Schule und Beruf, Recklinghausen 2006 mit vielen praktischen Beispielen und einer informativen Zusammenstellung in dem Beitrag von Marit Rullmann in dem Bd. – S. 95 – 105.

Abgrenzung unserer Studie von anderen Themenbehandlungen

Fast parallel zu unserer Studie ist auf einen Forschungsansatz hinzuweisen, in dem besondere Formen von Übergangsschwierigkeiten von der allgemein bildenden Schule in die Berufsausbildung untersucht werden. Mit ihm wird das Feld der Übergangsprobleme weiter abgedeckt. In ihnen geht es um die Annahme, dass ein Teil der Probleme, die oft der mangelhaften Vorbereitung durch die allgemein bildende Schule angelastet wird, durch institutionelle und systembedingte Faktoren und dadurch entstandene Behinderungen entstanden sind.

Eberhard Jung[1] hat – als Dokumentation der Tagung in Karlsruhe 2007 – unter dem Titel „Zwischen Qualifikationswandel und Marktenge" die Möglichkeit geschaffen, diese Übergangsproblematik zu dokumentieren. So bieten die Beiträge von Johannes Krumme – „Neue Wege des Übergangs in das Ausbildungs- und Beschäftigungssystem"; Thomas Giessler „Übergangsperspektiven aus Arbeitnehmersicht"; Martin Weingardt, „Hürdenlauf Richtung Arbeitswelt – Hindernisse und Unterstützungsstrukturen beim Übergang von der Schule ins Erwerbsleben"; Bert Butz, „Von der Berufsorientierung zum Übergangsmanagement"; Eberhard Jung, „Neue Formen des Übergangs in die Berufsausbildung, das Ausbildungs-Übergangs-Modell" – und weitere eine Übersicht über die gegenwärtige Auseinandersetzung zu diesem Thema. Dabei liegt das besondere Gewicht der dokumentierten Publikationen darauf, dass Strukturfragen sowohl unseres Bildungssystems als auch des Systems der Berufsausbildung für die entstehenden Belastungen verantwortlich gemacht werden.[2] In dem gleichen Band entwickeln Braun/Ebbers[3] in Anlehnung an Eberhard Jung[4] eine Übergangskompetenz, mit der der Übergang von der Schule in den Beruf erleichtert werden soll und die über die Realbegegnung zu erwerben sei.

---

1 Jung, Eberhardt, (Hg.), Zwischen Qualifikationswandetl und Marktenge, Hohengehren 2008

2 Allmendinger, Jutta/Ebner, Christian, Jugendliche vor dem Hürdenlauf in: IAB-Forum 2/ 2005; Lossfeld, Hans-Peter, Berufseintritt und Berufsverlauf, in: MittAB 18 S.2; Weingardt, Martin, Was leisten Hauptschulen?, Referat 2006, Weingarten, ders., (Hg.) Übergang Schule-Beruf, Waldmannsweiler 2006

3 vgl. Braun, Gabriel/Ebbers, Ilona, Entwicklungen der Übergangskompetenz „Schule – Beruf" bei Jugendlichen mit besonderem Förderbedarf – Einbindung eines Praxisprojektes in der universitären Lehrer-/Lehrerinnenausbildung, in: Kaminski, Hans/Krol, Gerd-Jan (Hg.), Ökonomische Bildung: legitimiert, etabliert, zukunftsfähig, Bad Heilbrunn 2008, S. 325-339

4 Jung, E., Arbeits- und Berufsfindungskompetenz, in: Schlösser, H.J. (Hg.), Berufsorientierung und Arbeitsmärkte, Berg. Gladbach 2000, S. 93-116

Unsere Absicht ist es, bei denjenigen Jugendlichen vor dem allgemein bildenden Schulabschluß und bei denjenigen Jugendlichen, die jetzt am Anfang ihrer Berufsausbildung stehen, innerhalb der gegenwärtigen Strukturen die individuellen Vorstellungen mögliche Schwierigkeiten, Ängsten und auch Lösungen festzustellen. Beide zusammen: die strukturellen Probleme einerseits und die individuellen von Unsicherheit besetzten Situationen, vor denen oder in denen die Jugendlichen stehen, fordern entsprechende Lösungen. Sie sind beide aufeinander angewiesen. Sie sind aber auch zu differenzieren eben nach Lösungen, die Strukturen und verhärtete Rollenzuschreibungen verschieden aufbrechen müßten.

Es geht inzwischen nicht um die Lösung jedes Einzelschicksals eines Bewerbers, sondern um ein möglichst effizientes Verfahren, das potentiellen Auszubildenden hilft, die „Schwelle" zu überwinden. Implizit geht diese Vorstellung davon aus, dass in aller Regel die erwartbaren Ursachen für Probleme aus den abgebenden Institutionen relativ gleich gelagert seien. Diese Analyse auf der Basis empirisch erhobener Daten verweist die Versuche von Ursachenforschung, die als Gegenmodell verstanden werden könnten, ins Land der Spekulation oder sogar der Interessenorientierung[1].

Im Beitrag von Jasper andererseits über die Wahlmotive[2] der Jugendlichen – und damit Abbauchancen für Probleme – werden die Charakteristika der Arbeit in dem überprüften Beruf sowie des Arbeitsumfelds des Unternehmens, die Lenkung durch nahestehende Personen, wie Eltern, andere Verwandte und Freunde[3] und berufsorientierende Strukturen der Bildung und des Arbeitsmarktes[4] untersucht.

Für die Wahl des Ausbildungsbetriebes führten die Schüler besonders an, dass ihnen Übernahme nach der Ausbildung in Aussicht gestellt wurde.

Wenn die Betriebe den Bewerbern eine mangelhafte Darstellung der in diesen Betrieben erreichbaren Möglichkeiten anbieten, sind die Jugendlichen skeptisch. Mit dem guten Ruf eines Unternehmens werden Modernität, Marktfähigkeit, gute Ausbildung und ein positives Betriebs-Klima sowie auch Referenzen für den Arbeitsmarkt verbunden. Der Schluß liege nahe, dass sich Schulabsolventen

---

1 vgl. Ohse, Nicole, Qualitätsanforderungen an Schulabgänger, in: Unterricht Wirtschaft 1/2005, S. 40 ff.

2 vgl. Jasper, Gerda, Motive für die Wahl des Ausbildungsbetriebes, in: Jasper, Gerda/Wählisch, Birgitt (Hg.), Wettbewerb... a.a.O., S. 24 - 33

3 Gemeint sind Einflüsse von meinungsbildenden Personen

4 Darunter wird verstanden: Beratung und Orientierung durch die Schule und/oder durch das Arbeitsamt.

um so mehr vom guten Ruf bei der Unternehmenswahl leiten lassen, je weniger transparent betriebliche Ausbildungsberufe und Tätigkeiten in ihnen für sie sind, denn der gute Ruf eines Unternehmens beweist sich aus Eindrücken, die nicht mit tatsächlicher Kenntnis des jeweiligen Unternehmens identisch sind. Der gute Ruf – anders formuliert – vermindert Ängste, auch wenn Fakten weniger bekannt werden. Man kann fast sagen, der gute Ruf ersetzt teilweise Fakten, denn die können sich rasch ändern.

Die Verläßlichkeit der Studie, die Jasper vorgelegt hat, ist ergänzend durch einen Vergleich mit einem weiteren Teilaspekt, den die Autorin behandelt, belegbar. Die berufliche Orientierung per Internet, so findet auch Jasper, ist noch gering ausgeprägt. Es wird von den Schülern als nachrangig und weniger informativ eingeschätzt.[1]

So wie in unserer wird in Jaspers Studie statt des Internets wegen der positiven Wirkungen der Praktika die „Berufliche Orientierung durch Betriebspraktika von Schülern (Regelschulen)“[2] als positives Instrumentarium der Informationsbeschaffung dargestellt. Das gilt besonders dann, wenn der Praktikumsbetrieb Aufgaben vorbereitet hat, denn dann können Praktikanten gleich mitarbeiten. Ein Praktikum wirkt dann am nachhaltigsten, wenn die Betriebe beide Wirkungen bei der Gestaltung von Praktika beachten. Das sind

der Zeit- und Personalaufwand für die Vorbereitung der Praktika
die Erarbeitung eines Praktikumskonzeptes (notwendig zur beruflichen Orientierung)
der Einblick in die betriebliche Realität muß möglich sein und selbständiges Arbeiten.

Der Wunsch der Jugendlichen nach konstanten Ansprechpartnern und die Anwesenheit von Betreuern zeigen, dass die Praktikanten sich noch immer als Schüler fühlen. Sie wünschen sich eigentlich „Betreuer“, die die Aufgabe des Lehrers/der Lehrerin weiterführen sollen.[3]

In Leitfaden gestützten Interviews wurde von den Befragten herausgearbeitet, dass das Arbeitsklima den Einstieg im positiven Fall sehr erleichtern, im negati-

1 vgl. Beinke, Lothar, Das Internet – ein Instrument der Berufsorientierung Jugendlicher?, Frankfurt 2008

2 Jasper, Gerda, a.a.O., S. 33 – 41, die abweichenden Befunde, die Meschenmoser festgestellt hat (s.o.), liegen vermutlich in der sehr geringen Qualität der Tätigkeiten, die der Klientel - der Schüler mit Lernproblemen – zugewiesen werden können.

3 Damit dürfte die Skepsis von Hellmut Lamszus, die wir oben dargestellt haben, widerlegt sein.

ven Fall aber auch erschweren kann. Positiv wurde an einem Beispiel unterstrichen, wie die Begrüßung dargestellt wurde: „Ich wurde mit offenen Armen empfangen". Positiv wirkten auch „Einstiegsrituale". Dazu wurden Betriebsrundgang, gemeinsames Treffen von Auszubildenden in der ersten Woche oder eine Einstiegswoche gezählt.[1] Sie wurden nicht nur gewürdigt, sondern auch für unverzichtbar gehalten[2].

Das Praktikum wird zu einem ersten Schritt innerhalb eines stufenförmig konzipierten Programms der betrieblichen Nachwuchskräftegewinnung.

Aus den beiden Faktorengruppen: den erleichternden und den erschwerenden, kann man die Übergangsschwierigkeiten ableiten, die sowohl die Betriebe als auch die potentiellen Auszubildenden belasten oder erleichtern können. Eine erstphasige Arbeit in Lehrwerkstätten ist zu empfehlen, weil man dann nicht mehr als „Greenhorn" in die Fach-/Betriebsabteilung kommen muß. Besonders betont wird das Erschwernis des beruflichen Einstiegs durch zu geringe Vorbereitung auf die Arbeits- und Berufswelt in der vorherigen Schule und die ungewohnten Arbeitsanforderungen besonders im gewerblich/technischen Bereich.

Die Untersuchung von Jasper zeigt, dass gegenwärtig diesem Thema wieder Aufmerksamkeit gewidmet wird. Diese allgemeine Aufmerksamkeit bedarf jedoch noch einer Berücksichtigung besonderer Art, denn für Jugendliche mit Benachteiligungen sind die Übergangsprobleme erheblich größer, worauf wir schon oben Seite 30 ff. hingewiesen haben. Vorbereitende Maßnahmen, zu denen auch spezifische Betriebspraktika und ebenfalls spezifische Einführungen und Betreuungen durch Sozialarbeiter gehören, können in solchen Fällen in Problemsituationen zur Linderung und Minderung der Übergangsprobleme beitragen.[3]

---

1 Dazu schlug schon Lederer vor, (a.a.O., S. 173), den jungen Menschen zur Eingewöhnung Zeit zu gewähren (auch S. 181). Besonders die Betriebe seien hier in der Pflicht, den Übergang wesentlich zu mildern.

2 Man darf vermuten, dass Ängste vor Ausbildern hier weniger auftreten.

3 Gerdsmeier, Gerhard, Hauptschüler im Übergang ins Erwerbsleben und zur beruflichen Schule, in: Heterogenität und die Gestaltung von Lernumwelten. Zentrum der Lehrerbildung der Universität Kassel (Hg.), Kassel 2005, S. 24-49. Wir sind unsicher, ob die Maßnamen in Kassel gemessen am Aufwand und an dem dokumentierten Ergebnis als Erfolg anzusehen ist.

Forschungsansatz zur empirischen Erfassung der Schwierigkeiten der Übergangssituation für Jugendliche von der allgemein bildenden Schule in die Berufsausbildung

Die Frage, die sich stellt, lautet: Wie sehen die jungen Menschen mit ihrer Schülererfahrung in bezug auf Unterricht und dessen Lehr- und Lernstrukturen die künftigen Lernprozesse in der Ausbildung? Es ist evident, daß die eingeübten Schülerrollen[1] als Quasi-Muster für die in Schule und Betrieben vor ihnen liegende Berufsausbildung mit den neuen praxisdominierten Lernprozessen nicht als vollgültiges Muster gelten können, denn die Schüler sehen einerseits, daß es mit der Organisierung von Lernprozessen auf ihrem Schul-/Ausbildungsweg weitergeht[2], andererseits können diese Lernstrukturen und die in ihnen ablaufenden Lernprozesse nicht mit den ihnen bekannten Prozessen des Lernens in den allgemein bildenden Schulen identisch sein[3].

Es erscheint fraglich, ob die bisher vorgelegten Analysen, die ohne Zweifel sowohl die Arbeitsmarktstrukturen, die Prognosen über die Entwicklung des technischen Wandels, der konjunkturellen Entwicklung als auch den Wandel hinsichtlich der Qualifizierungsanforderungen verantwortungsbewußt erhoben haben, den für die Jugendlichen entscheidenden Übergangsprozeß richtig diagnostiziert haben.[4]

Die Normenkonflikte scheinen, so wie sie beschrieben worden sind, eng mit dem Schritt des Übergangs vom Schulabgang bis zum Eintritt in die Berufsausbildung zusammenzuhängen. Es erscheint plausibel, daß die Anpassungsprobleme im Alltag der Betriebe von den jungen Menschen gefürchtet werden. Es sind offenbar die veränderten Lehr-/Lernbedingungen, die die Schüler verunsichern. Von der „richtigen" Haltung in den Betrieben zu Ausbildern, Angestellten/Arbeitern oder Kollegen (älteren Auszubildenden) hängt viel für sie ab. Sie fürchten, Fehler nicht korrigieren zu können.

---

1 vgl. dazu unten die empirischen Ergebnisse zu dieser Frage

2 s. oben S. 26 die Ergebnisse von Lederer. In den Anfangswochen der Ausbildung, versuchen die Auszubildenden sich auf diese Weise ein Bild von der Rolle des Ausbilders zu machen.

3 Diese Diskrepanz ist ein Grund für die Unsicherheit, die Schüler/Auszubildende gegenüber der „richtigen" Einschätzung des Ausbilders haben. Von der „richtigen" kann aber der Erfolg der Ausbildung durchaus abhängen.

4 So wichtig auch die Analyse für die Lösung von Übergangsproblemen durch Jasper für die involvierten Betriebe zu sehen sind

Um die Faktoren der Unsicherheit, die beim Übergang belastend wirken, feststellen zu können, haben wir ein Programm der empirischen Datenerhebung entworfen. Unsere Hypothese dazu lautet:

Nachdem die Entscheidungen für eine Ausbildung gefallen sind – evtl. auch noch im Prozeß dieser Entscheidung, aber mit dem Bewußtsein der Rollenänderungen der eigenen Person vom Schüler zum Auszubildenden – wissen die Schülerinnen und Schüler, daß zumindest in drei Punkten Änderungen gegenüber ihrer bisherigen Rolle eintreten, von denen sie der eigenen Einschätzung nach und nach objektivierbaren Kriterien zu wenig wissen und noch gar keine eigenen Erfahrungen haben:

- Künftig findet das Lernen an zwei unterschiedlichen und zeitlich getrennten Lernorten statt.
- Zumindest ein Teil des Lernens – im Betrieb – ist handlungsorientiert. D.h. es geht um die Herstellung von gebrauchsfähigen Produkten, deren Pflege und Reparatur und Dienstleistungen mit von den Kunden erwarteten Ergebnissen.[1] Die Ausstattung der Betriebe – mit der Ausnahme der Lehrwerkstätten – ist nicht der Systematik von Lernprozessen, sondern nach Ergebniserstellung ausgerichtet. Die Aufgaben sind nicht ohne das Bewußtsein zusammengestellt, dass sie zumindest einer Prüfung auf spätere Verwendbarkeit der Lernergebnisse in Arbeitsprozessen standhalten können.
- Die Lehrer (Ausbilder) sind zwar den Lehrern in der Schule vergleichbar, daß sie nämlich Lehrstoffe an die Schüler/Auszubildenden vermitteln sollen. Die Rollen dieser Lehrer/Ausbilder sind aber nicht identisch mit den Lehrerrollen der Lehrer der allgemeinbildenden Schulen.[2]
- Die Schüler vermuten Unterschiede, kennen sie aber nicht genau oder genau genug, um sichere Schlüsse auf die notwendige Sicherheit für künftiges Verhalten in diesen neuen Lernprozessen ziehen zu können. Was sie wissen ist, daß die Lehr-/Lernprozesse anders strukturiert sind. Dazu wünschen sie sich auch, daß die Berufsausbildung nicht nur Formalabschlüsse vermittelt, so wichtig diese für den Einstieg in die Ausbildung waren. Die Schüler wünschen, daß ihnen Wissen vermittelt wird, das für ihr Berufsleben - auch wenn dieses nicht geradlinig im gleichen Ausbildungsberuf, im gleichen Betrieb, mit Aufstiegschancen bei Bewährung er-

1 Die Situation bei Dienstleistungsberufen ist adäquat einzuschätzen.

2 Die Rollen der Lehrer an berufsbildenden Schulen, ihre Unterschiede zu den Ausbilderrollen und den Rollen der Lehrer an allgemein bildenden Schulen haben wir in unsere Studie nicht einbezogen. Hier kann ebenfalls ein Konfliktpotential auftreten, aber auch eine Funktion der Unsicherheitsminderung stattfinden. Diese Wirkungen bedürfen einer eigenen Untersuchung.

folgt – eine relativ sichere Perspektive vermittelt. Da sie dieses neue – auch formal neue – Lernen an noch wenig bekannten Inhalten in wenig bekannten Lehr-/Lernsituationen kaum kennen, birgt die Aussicht, mit ihm unausweichlich konfrontiert zu werden, Unsicherheit, vielleicht sogar Unbehagen. Sie vermuten weiterhin, daß dieses Lernen vielleicht weniger eigene Einflußmöglichkeiten bietet, als ihnen die alte bekannte Schülerrolle einräumte. Sie verstehen die Konfrontation mit diesem neuen Lernen als den Zwang zu einem Anpassungsprozeß, der für sie unbekannte Anforderungen stellt. Auf der anderen Seite erwarten sie, daß die Kompetenzen der Ausbilder so ausgeprägt sein sollten, daß man sich ihnen anvertrauen kann, damit man die von der Ausbildung für die eigene berufliche Zukunft erwarteten Chancen nutzen kann.

Wir wollen dieser Frage empirisch nachzugehen versuchen. Uns scheint aber vorher noch erforderlich, einen Blick auf potentielle Ursachen für die Unsicherheiten und Ängste des jungen Menschen zu richten, denn die in der öffentlichen Diskussion erhobenen Vorwürfe, die auf Ausbildungsschwierigkeiten hinweisen und angeblich Indizien für deren Entstehen gefunden haben, bleiben den Schülerinnen und Schülern im Prozeß der Suche nach einer geeigneten Berufsausbildung nicht verborgen. Uns scheint, daß in einzelnen Publikationen eigene Mängel und Versäumnisse sowohl in der Vorbereitung auf die Ausbildung als auch in der Ausbildung selbst als Schuldzuweisungen an die Schüler weitergegeben werden. Es muß aber um die Schüler gehen. Ihnen ist mit solchen Schuldzuweisungen – zumal sie unberechtigt sind – nicht geholfen, Lösungen zum Abbau der Unsicherheiten zu finden.

Die Bedingungen für den beruflichen Einstieg können nach individuellen und strukturellen Faktoren gegliedert werden. Schwierigkeiten können nicht nur bei den jungen Menschen – den Auszubildenden - sondern auch bei den Betrieben – den Ausbildern - auftreten, wenn die Probleme nicht gelöst werden sollten.[1] Will man eine Lösung erreichen, dann müßten die beruflichen Vorstellungen der Jugendlichen konkreter gestaltet werden, denn dann könnten die Betriebe zielgerichteter den Übergang bewältigen. Praktika mit einem breiten Spektrum von Rekrutierungsmaßnahmen wären imstande, das zu leisten.[2]

1 Jasper, Gerda, Beruflicher Einstieg – wichtige Etappe aus individueller Sicht, in: Dies./ Wählisch, Birgitt (Hg.), Wettbewerb um Nachwuchs und Fachkräfte, Mehring 2004. – Gerade diese Studie ist ein Beleg dafür, dass es Defizite in diesem Übergangsbereich gibt.

2 vgl. ebenda, S. 122

Erhebung auf der Schulbörse in Spelle 2003[1]

Eine Gelegenheit, erste Daten – wenn auch nicht in Form eines Pretestes – zur gegenwärtigen Situation für Haupt-, Real- und Gesamtschüler – zu erhalten und über eine Schulbörse, die vom ehemaligen Regierungspräsidenten Weser-Ems im Rahmen der Berufsorientierungsförderung eingerichtet wurde, zu erfahren, wie die Schüler und Schülerinnen in dieser Situation reagieren, welche Vorstellungen sie besonders von ihrer Zukunft haben und welche Chancen sie sich auf Grund ihrer bisherigen Schülerlaufbahn erhoffen, wollten wir unbedingt nutzen. Diese Schulbörse war eine in einer ganzen Reihe von Veranstaltungen zur Förderung der Berufsorientierung in der Region und sicherte – als Nebenprodukt – eine Spontanbefragung der teilnehmenden Schülerinnen und Schüler.

Die befragten Schüler auf der Schulbörse gaben freiwillig Auskünfte auf einige geschlossene und einige offene Fragen über ihre Vorstellungen – Sicherheiten vs. Unsicherheiten; Wünsche vs. Ängste – von der beruflichen (Aus)-Bildungszukunft. Aus den Antworten auf die offenen Fragen wurden Kategorien gebildet, die die quantitative Auswertung ermöglichen sollten. Diese offenen Fragen waren nach dem Prinzip der zu ergänzenden Halbsätze gestellt. Die Kategorienbildung konnte nicht in allen Fällen trennscharf und eindeutig sein. Die Ergebnisse erlauben dennoch verwertbare Erkenntnisse. Die Häufigkeiten wurden jeweils aus *dem* Teil der Probanden gerechnet, die Antworten gegeben haben – also nicht aus der Gesamtheit. Eine Generalisierung ist allerdings aus diesen Daten nicht erlaubt.[2]

In den Antworten fanden wir folgende Ergebnisse, die nicht nur der weiteren Klärung dienen, sondern auch schon gegenwärtig interessant sind, sowohl für die Ausbilder als auch für die Ausbildungsbewerber bekannt gemacht zu werden.

Bemerkenswert ist, dass die Schüler eine hohe Bereitschaft haben, sich den immer wieder geforderten Sekundärtugenden – z.B. Pünktlichkeit – stellen zu wollen. Darüber hinaus stellen sie auch Forderungen an die Ausbilder. Ihre Sorge: die Ausbildung soll zu einem Erfolg werden, denn 34% fürchten um die

---

1 Die Schülerumfrage auf der Schulbörse in Spelle am 6.11.2003 erfaßte mit den Fragebögen, die an die anwesenden Schüler innerhalb ihres Klassenkontingents verteilt werden konnten, 117 Schüler, davon 57 Mädchen und 60 Jungen. Die Schüler und Schülerinnen wurden nur nach dem Geschlecht differenziert. Eine Selektion nach Schulformen und Alter trafen wir bei der Auswertung nicht. Die Schüler können als Kohorte derjenigen gekennzeichnet werden, die im Prozeß der Berufsorientierung stehen.

2 Die Satzergänzungen sind im Anhang VII, Seite 148, zu finden.

Kernforderung der Ausbildung, den gewünschten Beruf wirklich zu lernen und ausüben zu können. 70,4% der Jugendlichen sehen die Lernmöglichkeiten von Personen abhängig, d.h. von sich und den Ausbildern. Ihre Ängste begründen sie mit der Furcht vor persönlichen Problemen, die mit der neuen Situation aufkommen könnten. Anerkennung ihrer Bemühungen ist ihnen deshalb sehr wichtig und 57,3% fürchten Ungerechtigkeiten und eine negative Atmosphäre.

Entsprechend wünschen sich 64% der befragten Jugendlichen, dass es in der Ausbildung eine positive Atmosphäre gibt, eine positive Atmosphäre reduziert sich jedoch nicht auf den oft zitierten „Spaß an der Arbeit". Diesen Spaß in der Ausbildung wünschen sich nur 21,4%, was auf eine doch eher realistisch-sachliche Erwartung an die Ausbildung schließen lässt, die aber atmosphärisch belastet werden könnte.

Wo außerdem die Schülerinnen und Schüler im Fragebogen zu ihrem persönlichen Einsatz und zu ihrer Bereitschaft zum Erfolg der Ausbildung etwas sagen, äußern sie sich differenziert positiv. Sie bejahen ihre Fähigkeit und Bereitschaft zur Teamarbeit (33,3%) und 27,4% sagen, dass sie sich nicht nur ein-, sondern auch zum Lernen unterordnen wollen („Wir wollen auf andere hören").

Es dürfte darin zum Ausdruck kommen, dass die Schüler z.B. auch bei ihrer Bereitschaft, Sekundärtugenden anzuerkennen, sich von Teilen ihres bisherigen Verhaltens der Schülerrolle abgrenzen wollen hin zu einer Einordnung und Mitwirkung in das Feld der betrieblichen beruflichen Ausbildung. Wieweit diese Einsichten und Bereitschaften bereits zur Bewältigung der als Belastung empfundenen Übergänge helfen, wieweit sie also in der Lage sind, vor dem Eindruck der Realitäten zu bestehen, ist mit dieser Haltung kaum erfaßbar. Eher ist zu erwarten, dass die geäußerten Einsichten zwar erkennen lassen, dass der Wechsel Reaktionen von ihnen erfordert, dass aber Instrumentarien für eine Lösung damit kaum entwickelt werden können.

In der Auswertung der ergänzten Halbsätze fanden wir einige Bestätigungen dieser Ergebnisse. Auf die Frage "Mir scheint an der Ausbildung überflüssig..." sehen lediglich 17% der Befragten eigene Schwierigkeiten. Diejenigen also, die sich den Anforderungen nicht gewachsen fühlen, sind in der Minderheit. Allerdings fürchten weitere 19,4% Lernschwierigkeiten, die vom Ausbilder (sic.!) ausgehen.

Zusammengefaßt waren 36,4% der Meinung, daß die Ausbildung stärker von den Lernmöglichkeiten abhängt, die in der eigenen und der Person des Ausbilders/der Ausbilderin liegen könnten. Dem stehen 34% gegenüber, die fürchten, die Ausbildung könnte zu wenig konzentriert auf die Kernforderungen einer Berufsausbildung eingehen.

Ängste werden noch einmal geäußert auf die Frage, was die Schüler „mies" fänden.[1] Hier ist es wieder das Unbekannte in der Ausbildung, das in den beiden wichtigsten Kategorien: - Ungerechtigkeit und eine negative Atmosphäre – mit 57,3% zum Ausdruck kommt.. Die Jugendlichen idealisieren vermutlich ihre Erfahrungen mit den gegenwärtigen Lehrern, wodurch die Ausbilder diskreditiert werden.

Die Ängste werden in den positiven Erwartungen und Hoffnungen auf die Frage, was sie „toll" fänden, gespiegelt. 64% wünschen sich eine positive Atmosphäre, 21,4% Spaß an der Arbeit und nur 14,2% nennen Sachkategorien („Verdienst" – „Erfolg").

Die Unsicherheiten, die festgestellt werden, die sich sowohl in den Wünschen als auch in den Ängsten ausdrücken, lassen sich auf die Unkenntnis über die neuen Anforderungen und Bedingungen zurückführen. Die Ursachen der Übergangsprobleme liegen außer in mangelhaften Informationen[2] nicht über Berufe, sondern über die Arbeitsrealität und den daraus gezogenen Schlüssen. Sie liegen auch nicht in reflektierten oder nichtreflektierten Anforderungen der Auszubildenden an sich selbst. Darin allein ein Versäumnis der abgebenden Schulen zu sehen, wird weder diesen Schulen noch den wirklichen Schwierigkeiten des Übergangs gerecht. Es ist zu vermuten, dass beide – die Vorstellungen von den Anforderungen an die Auszubildenden und die ihnen nicht vollständig erhältlichen Informationen - sich aus Vorurteilen nähren, die in Bezug auf Lehrpersonen auf nicht ausreichende Kenntnisvermittlung basieren können. Auf die Frage, was ihnen vermutlich aus ihrer jetzigen Sicht beim Übergang in die Berufsausbildung schwer fallen würde, fürchteten die meisten Schüler auch hier persönliche Probleme – z.B. Nichtanerkennung – die mit der neuen Situation auftauchen könnte. Auch hier scheint eine Sorge vor der Haltung der Ausbilder vorhanden zu sein, die auch darin sichtbar wird, dass 21,9% ein angemessenes Verhalten – z.B. Freundlichkeit – in der Ausbildung als schwierig einschätzen. Vorstellungen von Hierarchien in Betrieben und von der Rollenstruktur – die beide nur vom Hörensagen bekannt sind – prägen hier das Vor-Urteil der Schüler. Lediglich 20,7% der hier befragten Schülerinnen und Schüler übten Kritik an der abgebenden Schule, der sie eine zu geringe Praxis orientierte Vorbereitung auf die Ausbildung vorwarfen.[3]

---

1 „Ich würde mies finden, wenn ich ..."

2 Das ist, wie oben dargestellt, auch ein Kernergebnis der Befragung von Gerda Jasper

3 Diese positive Meinung über die Schule dürfte nicht mit einer distanzierten Sicht nach Abschluß dieser Schule gleich gesetzt werden.

Furcht bei der persönlichen Begegnung mit nicht nur fremden Menschen, sondern auch unbekannten Rollenträgern (Ausbilder; Auszubildende in höheren Ausbildungsjahren; Arbeiter und Angestellte in dem Betrieb) einerseits, steht andererseits der Fähigkeit und der Bereitschaft gegenüber, sich auf die neuen Bedingungen einzustellen.

Hier zeigt sich in der Interpretation dieser Daten, wo Ansätze zur Überwindung der Übergangsschwierigkeiten erarbeitet werden können. Es ist aber besonders eine Erkenntnis bereits aus diesen Daten darüber gewonnen, welche Ursachen für die Erkenntnisse der Schülerinnen und Schüler über die künftige Welt der Berufsausbildung und Berufstätigkeit verantwortlich sind. Es ist zumindest auffällig, daß die Schülerinnen und Schüler in unserer Befragung keine spezifische Unsicherheit vor den berufsbildenden Schulen äußern. Auch Rose u.a.[1] sind zu dieser Erkenntnis gekommen. In ihrer Studie waren sowohl in der positiven als auch in der negativen Argumentationslinie fast ausschließlich der Lernort Betrieb in den Blickpunkt genommen.

Die Auswertung der Schülerumfrage auf der Schulbörse am 06.11.2003 in Spelle deutete bereits darauf hin, dass erstens sowohl diese vorliegenden Ergebnisse als zweitens auch eine geplante erweiterte Befragung mit einer erheblich größeren Klientel über einen Punkt der Übergangsproblematik nicht hinauskommen würden, denn die Überprüfung der vermuteten Schwierigkeiten, Ängste und Probleme ergab, dass die z.T. recht ungenauen Antworten, die aus den offenen Fragen zu entnehmen waren, nicht ausreichen, um ein besser gesichertes Urteil über den Sachbezug dieses Problembereiches zu erfragen. Denn es gibt weder an die Schüler noch an die Lehrer ein systematisches Feedback aus dem Bereich der berufsbildenden Schulen bzw. der beruflichen Bildung in den Betrieben, wie sich Jugendliche in die Ausbildung einordnen, sich den Schwierigkeiten stellen und diese Schwierigkeiten hinsichtlich der Lösungsfähigkeit selbst interpretieren. Auch die oben referierte Arbeit von Gerda Jasper weist auf den fehlenden oder doch mangelhaften Informationsstand hin, der dann im Ernstfall sowohl Auszubildenden als auch Betrieben Schwierigkeiten bringen kann. Dabei ist es eine berechtigte Furcht, dass die größeren Schwierigkeiten bei den jungen Schülern/Auszubildenden auch schwieriger zu lösen sein werden als banale Allfähigkeiten und einfache Mißverständnisse.

Aus der Erkenntnis dieser Vorstudie wurde eine neustrukturierte Befragung an allgemeinbildenden Schulen geplant und entworfen.

---

1 vgl. Rose, Petra/Staack, Yvonne/Wittwer, Wolfgang, Die Wirklichkeit ist gar nicht so anders, in: berufsbildung 84/2003, S. 3 ff.

Antrag an die Landesschulbehörde

Aufgrund einer Voranfrage bei den berufsbildenden Schulen forderten diese als zwingende Bedingung, dass bei der zuständigen Landeschulbehörde die Genehmigung zu einer solchen Befragung eingeholt werden müsse. In das Antragsverfahren wurden dann auch die parallel laufenden Befragungen in den allgemein bildenden Schulen aufgenommen. Als Erhebungsinstrumentarium wurden für beide Schulformen getrennt Fragebögen entwickelt und mit dem Antrag zur Genehmigung der Landesschulbehörde vorgelegt.

Die Genehmigung zu dieser Befragung wurde von der Landesschulbehörde am 19. Sept. 2005 mit Erlaß Nr. 9.31-0541/2N unter den üblichen Auflagen, insbesondere der Anonymität, erteilt.

Der Antrag, das Antragsverfahren, zusammen mit den Erhebungsinstrumentarien, die dem Antrag beigefügt waren, sind im Anhang wiedergegeben. Zur Begründung des Verfahrens wurde die Schülerumfrage auf der Schulbörse in Spelle am 06.11.2003[1] genutzt, deren Ergebnisse wir im vorangegangenen Abschnitt wiedergegeben haben.

Die Gesamt-Befragung war ausgerichtet sowohl auf die berufsbildenden Schulen der Stadt und des Landkreises Osnabrück als auch die allgemein bildenden Schulen der annähernd gleichen Räume[2]. Dabei wurden nur die großen Schulsysteme erfaßt.[3] Die Fragebogeninterviews sollten in den Unterstufen der berufsbildenden Schulen mit je ca. 120 Schüler durchgeführt werden, da in der Unterstufe noch die Erinnerung an die atmosphärischen und inhaltlichen Belastungen im Prozeß der Berufswahl präsent gewesen sein dürften. Eine Streuung über die beruflich-fachliche Struktur wurde mit den Schulleitern/ Schulleiterinnen der Befragung abgestimmt. Es sollten Berufe, die einen Hauptschulabschluß, einen Realschulabschluß und das Abitur hatten zur (betrieblichen) Eingangsvoraussetzung ausgewählt werden, um ein grobes Ranking der Berufe zu erhalten.

Der Fragebogen, der sich an die Auszubildenden/Berufsschulen richtete, war zweigeteilt. Im ersten Teil sollten rückwirkend die Eindrücke festgestellt werden, die Mädchen und Jungen beim Übergang von der allgemein bildenden Schule in das System der beruflichen Bildung erwarteten oder befürchteten. Im

---

1 Veranstalter war der Regierungspräsident Weser-Ems

2 s.o. in diesem Bd. S. 33 ff.

3 Die Nennung der befragten Schulen insgesamt findet der Leser im Anhang X, S. 162

zweiten Teil dann baten wir die Schüler um Angaben zu ihren Meinungen zum Befragungszeitpunkt über Ausbildungsthemen.

Generalisierbarkeit der für die Studie erhobenen Daten

Hans Albert[1] bezweifelt für die historischen Realwissenschaften und für die theoretischen Wissenschaften, dass es für sie eine sichere empirische Basis geben kann. Vielmehr bedürfen die Quellen stets der Identifikation und der Interpretation. Über die Erfordernisse der Quelleninterpretation hinaus, deren Kritik wir selbst auf die nicht ausreichende Generalisierbarkeit lenken, beanspruchen wir aber auch – wie die Autoren vorangegangener Studien – dass dieser hier vertretene heuristische Ansatz geeignet ist, auf das Problem aufmerksam zu machen. Er wird durch Stratifikation weiterer Erhebungen ergänzt werden müssen.

Die Frage der Generalisierbarkeit empirisch erhobener Daten wird immer in enger Anlehnung an die Frage der Repräsentativität dieser Daten gestellt. Diese Frage läßt sich jedoch nur im Zusammenhang mit der Zielsetzung klären, die mit der Datenerhebung erreicht werden sollte. So sagen Gerdsmeier/Lang „Die Paradigmen einer wissenschaftlichen Disziplin bestimmen die Forschungsstandards. Sie liefern Maßstäbe für die Beurteilung der Problemlösung und bestimmen die Anlage des Forschungsdesigns."[2] Dies entspricht den Grundsätzen, die in der empirischen Sozialforschung als verbindlich erklärt werden.[3]

Wenn es richtig ist, dass die Zielsetzung einer Studie bestimmt, ob Repräsentativität in Anspruch genommen werden kann, soll in zwei Exempeln dargestellt werden, wie man mit diesem Anspruch umgehen kann und darf. Heinrich Ebel[4] hatte die Zielsetzung der Auswertung seiner Untersuchung vorangestellt, mit der er die ausbildungsfremde Verwendung der Ausbildungszeit in der betrieblichen Phase der dualen beruflichen Bildung messen wollte und dann sein methodisches Vorgehen begründet. Er wollte aus den Aussagen über den Arbeitsalltag Folgerungen über die Intensität der Ausbildung ziehen.

1 Albert, Hans, Kritik der reinen Erkenntnislehre, Tübingen 1987, S. 131

2 Gerdsmeier, Gerhard/Lang, Hartmut, Generalisierungsprobleme bei empirischen Forschungen, Anmerkungen zur Planung und Auswertung von Forschungsergebnissen bei knappen Ressourcen und instabilen Umwelten, in: Beinke, Lothar (Hg.), Die Höhere Handelsschule als Teil des Bildungssystems in der Bundesrepublik Deutschland, Bad Honnef 1980, S. 313.

3 vgl. ebenda, S. 215

4 vgl. Ebel, Heinrich, Die ausbildungsfremde Verwendung der Ausbildungszeit – eine schriftliche Befragung von Lehrlingen über ihren Arbeitstag, in: Lempert, Wolfgang/ Ebel, Heinrich (Hg.) Lehrzeitdauer, Ausbildungssystem und Ausbildungserfolg, Freiburg 1965, S. 276 ff.

Wir möchten Folgerungen über die Anfangsschwierigkeiten in der Ausbildung feststellen, die im Rückblick auf die tatsächlichen Erlebnisse reflektiert werden und auch herauszufinden versuchen, welche Hoffnungen und Ängste die Schüler der abgebenden allgemein bildenden Schulen in den Abgangsklassen hinsichtlich der Anfangsschwierigkeiten in der Ausbildung haben. Die Beurteilung hängt auch ab von der gewählten Methode, deshalb ist die Wahl des methodischen Instrumentatriums zu diskutieren.

Aus den grundsätzlich zur Verfügung stehenden Erhebungsmethoden

- teilnehmende Beobachtung
- passive Beobachtung
- mündliche Befragung
- schriftliche Befragung
- Auswertung von Sekundärmaterial

schieden die Beobachtungsformen aus, denn es ging in unserem Fall um die Eindrücke, Meinungen und Erlebnisse bzw. Vorstellungen der Schüler. Die mündliche Befragung hätte entweder den Unterricht stark gestört oder sie hätte sehr viel Zeit und Aufwand gefordert, die einzelnen Schüler zu befragen. Die Auswertung von Sekundärmaterial stand bei dieser Fragestellung auch nicht zur Disposition, blieb also nur die schriftliche Befragung mit besonders erstelltem Fragebogen.

Da repräsentative Daten durch Veröffentlichung der Markt- und Meinungsforschungsinstitute derart in der öffentlichen Meinung bekannt geworden sind, wird damit die Aussage in Verbindung gebracht, repräsentativ sei, dass die Aussagen innerhalb des Samples die gleiche Verteilung der Sozialdaten aufweisen wie die Gesamtbevölkerung, aus der das Sample gezogen wurde. In der öffentlichen Meinung wird repräsentativ also weitgehend in der Bedeutung von *gültig* angenommen, fast kann man schon sagen als *allgemeingültig*. Es wird dabei übersehen, dass diese *Gültigkeit* nur in bezug auf die repräsentativen Sozialdaten besteht.

Zweifellos ist es interessant zu wissen, welche Meinungen über eine Sache in der Bevölkerung existieren. Wesentliche soziologische Aussagen lassen sich aber erst machen, wenn differenzierte Zusammenhänge zwischen Meinungen und Sozialdaten festgestellt werden können. Die Feststellungsmöglichkeit ist aber erst gegeben, wenn auch noch die kleinsten Untergruppen statistisch rechenbar bleiben, sonst kommt man nur zu Aussagen, in denen der Zusammenhang sowohl mit der einen Größe als auch mit der anderen oder sogar mit einer verdeckten dritten bestehen kann. Statistisch rechenbare Untergruppen von Sozialdaten verlangen aber ein riesiges Sample, wenn außerdem die Repräsentativität gewährleistet werden soll.

In vielen Fällen ist es aber gar nicht nötig, dass Ergebnisse repräsentativ sind.[1] Das gilt natürlich in erster Linie für Forschungsvorhaben, die sich auf Neuland bewegen und erst einmal Orientierungsdaten erstellen müssen. Das gilt unserer Ansicht nach aber auch, wenn nachgewiesen werden soll, dass bestimmte Vorkommnisse überhaupt vorhanden bzw. dass sie gravierend sind. Dann reicht es völlig aus, wenn gezeigt werden kann, dass bestimmte Abweichungen im Vergleich mit Fällen, die diese Abweichungen nicht zeigen, so bedeutsam sind, dass gegen sie eingeschritten werden müßte.

Die Setzungen, die bei Erhebungen unter dem Gesichtspunkt der Repräsentativität zu machen sind, entstammen überwiegend der schließenden Statistik und der Stichprobentheorie[2]. Deren Forderungen werden so gestellt, dass nur bei dem Vorhandensein der Voraussetzungen empirische Daten erlaubt seien. „Die umgekehrte Frage, was zu tun ist, wenn die Bedingungen, an die eine gehaltvolle Anwendungen der standardisierten Verfahren gebunden wird, nicht erfüllt scheinen, wird demgegenüber kaum erörtert."[3] Nun sei aber mit der Feststellung der Situation, dass für die erfolgreiche Anwendung eines derartigen Verfahrens die Voraussetzungen nicht erfüllt sind, nicht die Konsequenz verbunden, dass die *Fragestellung*, die mit Hilfe dieses Verfahrens behandelt werden sollte, allein durch diese Einsicht unwichtig geworden wäre. „Sollten die vorliegende Fragestellung oder das geplante Verfahren nicht so modifiziert werden können..., dass die für das Verfahren vorgegebenen akzeptierten Voraussetzungen erfüllbar erscheinen..., legt die Lehrbuchmethodik offenbar mehr oder weniger bewußt und ausdrücklich den *Verzicht* auf eine empirische Behandlung der Fragestellung nahe."[4] Gerdsmeier und Lang scheint diese Konsequenz wenig akzeptabel.[5] Denn eine potentiell bedeutsame Fragestellung würde – legt man die von Gerdsmeier/Lang kritisierten Forderungen zu Grunde - einer ausschließlich spekulativen Betrachtungsweise vorbehalten. Will aber eine Wissenschaft theoretisches Wissen gewinnen, bestätigen, verbessern usw., dann versteht man

1 s. auch die Einführung in Kapitel 4 von Lempert, Wolfgang in: Lempert, Wolfgang./Ebel, Heinrich, (Hg.) a.a.O., S. 214

2 vgl. Gerdsmeier, Gerhard/Lang, Hartmut a.a.O., S. 215

3 vgl. ebenda

4 ebenda, S. 216

5 Der Ideologiegehalt, der dieser Konsequenz zugrunde liegt, wird auch von Adorno (vgl. Th. W. Adorno, Soziologie und empirische Forschung, in: ders. u.a., Der Positivismusstreit in der deutschen Soziologie, Darmstadt 1972, S. 86 f.) hervorgehoben. Er beklagt, dass in den Diskussionen der empirischen Sozialforschung Methodenfragen gegenüber den inhaltlichen überwiegen.

unter Theorie Raum-Zeit-unabhängige kausale Aussagen, für die die Anwendungsbedingungen präzisiert sind. In den Sozialwissenschaften sind derartige Aussagen eher selten. Für die Sozialwissenschaften ist es vielmehr wichtiger, dass die empirischen Verfahren an die Eigentümlichkeit des Forschungsgegenstandes angepaßt werden. Wenn Regelverletzungen vorgenommen werden (Regelverletzungen in dem oben geschilderten Sinne bei Fehlen der Voraussetzungen oder nicht strenger Einhaltungsmöglichkeit der Voraussetzungen) dann hat es wenig Sinn darauf zu verweisen, dass eine Erhebung nicht repräsentativ sei und deshalb deren Befunde abzulehnen. Wenn der Forschungsgegenstand einem fortwährenden sprunghaften Wandel unterliege (Diskontinuität im Gegenstandsbereich) und wie jede stichprobenartige Erhebung aus prinzipiellen Gründen potentiell einmalig und unwiederholbar sei, dann werde die Frage nach der Repräsentativität der Erhebung zu einer wertlosen Floskel.[1] Wenn die Ausgangslage nicht die idealen Voraussetzungen für eine empirische Erhebung hergibt, ändert das nichts an dem grundsätzlichen Interesse, dass über den Gegenstandsbereich möglichst informative Aussagen gewonnen werden sollen.[2]

Wenn man nun aufgrund der angestellten Überlegungen, insbesondere im Rückgriff auf Ebel und Gerdsmeier/Lang nicht die Konsequenzen ziehen möchte, sich im Falle von begrenzten Ressourcen und Diskontinuitäten auf reine Spekulation und bloße Phänomenologie zu beschränken[3], ist es erforderlich, nach Verfahren zu sehen, die auf die prinzipiellen Schwierigkeiten zugeschnitten sind. Dabei geht es darum, Reduktion von Ungewißheit zu erreichen. Das kann man

- durch Sicherung der Untersuchungsergebnisse
- durch Sicherung der Übertragung
- durch Sicherung der Verallgemeinerung
- durch Forschungsplanung, die auf die Aufdeckung von Heterogenität der erhobenen Merkmale abstellt.[4]

---

1 vgl. ebenda, S. 219

2 vgl. ebenda, S. 222

3 Ebel hat – und darum haben wir seine Arbeit hier als Beleg mit herangezogen – s.Z. durch Erfassung von Zeitstrukturen der Tätigkeit von Lehrlingen in Ausbildungsbetrieben eine negative Bewertung des dualen System der Berufsausbildung in ihren betrieblichen Teilen belegt, die zu dem Urteil: „Lehrzeit = Leerzeit" (so s.Z. der „Spiegel"-Titel zu dieser Publikation) führte und die anschließenden Studien zu dieser Frage weitgehend mitbegründet hat. Reformen wurden unausweichlich und festigten die Zukunft der Berufsausbildung im „Berufsbildungsgesetz" (BBiG), das am 01.09.1969 in Kraft trat.

4 Erwähnenswert ist auch der Hinweis von Jung - (Jung, Eberhard, Arbeits- und Berufsförderungskompetenz, in: Schlösser, Hans Jürgen (Hg.), Berufsorientierung und Arbeitsmarkt, Berg. Gladbach 2000, S. 93-116) – dass im Sinne einer dichten Beschreibung und Erhebung qualitativer Interviews eine fundierte theoriebezogene Forschung erforderlich sei.

Unsere Erhebung beansprucht keine Repräsentativität. Die Studie ist deshalb ein heuristischer Ansatz oder anders formuliert, eine Aufforderungsstudie zu einer weiteren Untersuchung.

Von dem Ergebnis und den vorgenommenen Befragungen in den allgemein bildenden Schulen wird erwartet, dass destabilisierende Frustrationen, die den Beginn einer Berufsausbildung belasten können, abgebaut werden.

Hypothetisch gründet dieses Vorhaben darauf, dass es eine Diskrepanz zwischen vermuteten Schwierigkeiten und den tatsächlichen Ängsten der Schülerinnen und Schüler vor der Berufswahl und vor dem Eintritt in die Berufsausbildung und dann den tatsächlichen Eintritt in die Berufsausbildung gibt.

Der Ansatz der Interviewmethode basierte auf zwei Fragebogen – je einem für die berufsbildenden und für die allgemein bildenden Schulen - die im strengen Sinne nicht getestet und auch nicht standardisiert waren, denn solche Befragungen, die bisher noch nicht durchgeführt wurden und zu deren Problematik auch keine empirischen Daten bisher vorlagen, genügt eine strenge Prüfung der Validität und Reliabilität, die von Herrn Prof. Dr. Hans Jörg Schuster (ehemals Universität Jena) vorgenommen wurde.

Uns sind allerdings bei den Versuchen, den Schülern für ihre Aussagen Vorgaben zu machen, die ihnen die Situation der Vergangenheit wieder erkennen half, suggestive Formulierungen unterlaufen. Eine Differenzierung der Items soll bei einer Folgebefragung diesen Mangel abstellen[1].

Bei der Lösung des Problems, wonach wir die Schüler fragen wollten, haben wir uns teilweise von den Erkenntnissen der neueren Meinungsforschung leiten lassen, die gezeigt haben, dass Fragen, die Meinungen und Einstellungen zu einem Thema feststellen sollen, weniger fruchtbare und eindeutige Ergebnisse zeigten als bloße Faktenerhebung, die dann interpretierbar sind. Dazu ist eine Problemdarstellung zu den Fragen in Studien wie dieser erforderlich, will man für alle Befragten einen annähernd gleichen Beobachtungsstand auf die Vergangenheit und auch die Gegenwartsfragen legen. Außerdem haben wir aus der Haltung, die die Schüler bei der Befragung in Spelle zeigten, als sie sich mit den Fragen des weitgehend offenen Fragebogens beschäftigten, für die Gestaltung unserer Fragebögen Anregungen aufgegriffen, um die Formulierungen möglichst nah an das Verständnis der Schüler heranzubringen.

1 Alle Fragebögen wurden unter der Aufsicht des Verfassers beantwortet. Eine Irritation der Schüler durch die zu beanstandenden Teile aus der Sicht strenger Anforderungen an empirische Arbeiten wie der vorgelegten war nicht festzustellen.

Auswertung der Befragung von Schülern aus den allgemein bildenden Schulen zur Übergangssituation von der Schule in die Berufsausbildung[1]

Wir beginnen die Darstellung der Ergebnisse unserer Erhebung mit den Haupt- und Realschulen, denn diese Reihenfolge der Fragestellung folgt dem Ablauf des Geschehens im Übergang von den allgemein bildenden Schulen in die Berufsausbildung. In der Entlaßsituation aus den 10. Klassen entstehen die Vorstellungen über die Erwartungen, was die Berufsausbildung bringen wird, deren Beginn wir dann in den berufsbildenden Schulen auswerten werden. Insgesamt bekamen wir 785 ausgefüllte Fragebögen zurück, das waren nahezu 100% der befragten Schülerinnen und Schüler, denn bei der Methode des Klassenzimmerinterviews können alle anwesenden Schüler erfasst werden. Lediglich an dem Befragungstag fehlende Schülerinnen oder Schüler mussten ausgelassen bleiben. Eine Nachbefragung erfolgte nicht. Der Aufwand wäre unverhältnismäßig groß gewesen gemessen an dem zu erwartenden Ertrag. Außerdem wäre es eine zu vermeidende Belastung für die Schulen gewesen. Die Befragung wurde in allen Fällen vom Versuchsleiter selbst durchgeführt. Die beiden ersten Ergebnisse beziehen sich auf die Geschlechterverteilung und das Altersgefüge, dann folgen – tabellarisch dargestellt – die inhaltlichen Antworten auf unsere Fragen.

Die Struktur nach Stadt und Land und nach Geschlecht und Alter der allgemein bildenden Schulen

Tabelle 1
Stadtschulen vs. Landkreisschulen

	Stadt-schulen		Landkreis-schulen		insgesamt	
	N	%	N	%	N	%
weiblich	48	37,5	306	46,4	354	45.6
männlich	79	61,7	352	53,3	431[2]	54,4
	127	99,2	658	99,7	785	100,0

1 Der Fragebogen ist im Anhang wiedergegeben (VI S. 145)

2 Die Differenz zur Gesamtzahl von 788 ergibt sich aus drei nicht auswertbaren Fragebogen.

Mit wenigen Ausnahmen sind die meisten Schüler 16 Jahre alt und älter. 38 = 29,7% der Stadtschüler sind 16 Jahre alt, 82 = 64,1% der Stadtschüler sind über 16 Jahre alt. Von den Schülern des Landkreises sind 393 = 59,5% 16 Jahre alt und 227 = 34,4% über 16 Jahre alt.

Da die Befragung in allen 10. Klassen[1] – auch der Hauptschulen - beider Regionen durchgeführt wurde, ergibt sich hier eine Ungleichgewichtung in der Altersstruktur. Die Schüler in den Landkreisschulen sind im Durchschnitt jünger als die der Stadtschulen.[2]

Tabelle 1a
Differenzierung nach Geschlecht[3] und Alter

	Mädchen		Jungen		insgesamt	
	N	%	N	%	N	%
Alter						
16 Jahre	210	59,3	218	50,6	428	54,3
über 16 Jahre	121	34,2	188	43,6	309	39,7
	331	93,5	406	94,2	737	94,0

Inhaltliche Auswertung

Die Darstellung der Ergebnisse in den Tabellen und deren Interpretation folgt dem Aufbau des Fragebogens. Unsere erste Fragegruppe – von Frage eins bis Frage zehn – war entworfen, um den Vorwürfen nachzugehen, der Übergang löse „Schockwirkungen“ bei den Schülern aus, die sowohl vom Lamszus als auch von Lederer vorgebracht worden waren. Wir hatten deshalb die Fragen operationalisiert durch Vorgabe von Methodenvarianten des Unterrichts, die den Schülern aus dem Unterricht bekannt sein mußten:

nach eher traditioneller
nach eher progressiver Methode.

1 Wir folgten dem Rat der angesprochenen Schulleiter der Hauptschulen, die Schüler und Schülerinnen ihrer 10. Klassen zu befragen, denn nahezu ohne Ausnahme wählen die Hauptschüler das anschließende 10. Schuljahr.

2 Die nachfolgend vorgelegten Tabellen sind bei jeder Frage korreliert mit dem Geschlecht der befragten Schüler und den Schulstandorten

3 Alle Prozentuierungen sind von der Gesamtzahl errechnet. Abweichungen sind durch Antwortenthaltungen entstanden. – Beim Alter wurden auch Angaben verweigert.

Von beiden darf man annehmen, dass sie durchaus unterrichtliche Realität an Schulen darstellen.

Frage I.
Ausbilder sollten, wie Lehrer, eine Aufgabe gut erklären können, meinen die von uns bisher befragten Schüler. Was ist Deiner Meinung nach wichtig?

Tabelle Nr. 2
Ausbilderfunktion – nach Geschlecht

	Mädchen		Jungen		insgesamt[1]	
	N	%	N	%	N	%
Über die Aufgabe reden	129	36,9	165	40,3	294	38,7
die Aufgabe durch Bilder veranschaulichen	21	5,9	36	8,4	57	7,5
Auszubildende mitwirken lassen	200	57,5	208	50,9	408	53,8
	350	100,3	409	99,6	759	100,0

Bevor den Auszubildenden die Lösung einer Aufgabe übertragen wird - so meinen ungefähr gleich viel Mädchen wie Jungen (Mädchen 36,4%, Jungen 38,3%) - sollte die Aufgabenlösung mündlich erklärt werden. Mehr als die Hälfte dagegen – und hier verstärkt die Mädchen (56,5%, Jungen 48,3%) – wollen bei der Lösung der Aufgabe mitwirken.

Bei der Lösung von Aufgaben in der betrieblichen Ausbildung ist eine deutliche Mehrheit von 53,8% der Schülerinnen und Schüler (= 408) der Meinung, dass durch ein Zusammenwirken zwischen Ausbilder und Auszubildenden die Lösung der Aufgaben erreicht werden soll. Damit entscheiden sie sich gegen eine Aufgabenlösung, die auf den Lehrer zentriert ist. Der geschlechtsspezifische Unterschied ist bedeutsam, denn die Mädchen (56,5%) wollen stärker als die Jungen (48,3%) an der Mitwirkung der Aufgabenlösung beteiligt sein.

1 Die Differenzen in den Additionen beruhen immer auf „Keine Antwort“

Tabelle 2a
Ausbilderfunktion

	Stadt-schulen		Landkreis-schulen		insgesamt	
	N	%	N	%	N	%
Über die Aufgabe reden	67	52,8	227	35,4	294	38,8
Die Aufgabe durch Bilder veranschaulichen	16	12,6	50	7,6	66	8,6
Auszubildende mitwirken lassen	44	34,6	367	57,0	411	52,6
	127	100,0	644	100,0	771	100,0

Eine auffallende Differenzierung in den Vorstellungen der Schülerinnen und Schüler ergibt sich bei der Unterscheidung von Stadt- und Landkreisschulen. Das Veranschaulichen einer Aufgabe nur durch Bilder wird – wie auch zuvor – abgelehnt. Während aber die Schüler der Stadtschulen die mündliche Erklärung mit 52,8% favorisieren, sind die Schüler in den Landkreisschulen stärker praxisorientiert. Die Stadtschüler wollen die mündliche Erklärung am Anfang als ausreichend ansehen, die Landkreisschüler meinen zu 57,0%, die Auszubildenden sollten bei der Lösung gleich mitwirken.

Differenziert man dieses Ergebnis nach den städt. Schulen und den Schulen des Landkreises, dann fällt auf, dass die Schüler außerhalb Osnabrücks stärker die Mitwirkung fordern (57,0% gegenüber 34,6% bei den Schülern in den Stadtschulen). Das kann nicht durch Zufälligkeiten erklärt werden, müßte vielmehr – wenn uns auch genauere Interpretationsmöglichkeiten fehlen – auf unterschiedliche schulische, methodisch-unterrichtliche Bedingungen zurückzuführen sein. Genaue Interpretationsmöglichkeiten böten nur detaillierte Recherchen über die Schüler, die Lehrer, die Schulausstattung und die Sozialstrukturen.[1] [2]

1 Dass die Bewohner im Umkreis größerer Städte nicht mehr mit der traditionellen Landbevölkerung identifiziert werden können, ist u.a. auch auf die Siedlungsbewegungen in den letzten Jahrzehnten zurückzuführen. Uns fehlen jedoch hierzu aussagefähige Statistiken, so dass wir bei der Interpretation auf die festgestellten Differenzen zwischen Stadt und Umland nur vermuten können, dass sie Evidenz haben für die von uns untersuchte Übergangssituation.

2 Wir hatten in Spelle herausgefunden, dass die Schüler prophylaktisch wünschten, in der Ausbildung bei der Erledigung von Aufgaben mitwirken zu können. Diese Vorstellung von Ausbildung genießt bereits eine Kontinuität. Der hohe Anteil in den Landkreisschulen, derer die Mitarbeit wünschen, entspricht dem Ergebnis in Spelle: dort waren Landkreisschulen überrepräsentiert.

Frage II.
Bei einer ganz bestimmten Aufgabe sollte einem Auszubildenden eine Arbeit erst dann übertragen werden, wenn sie genau vorgestellt wurde.

Tabelle Nr. 3
Genauigkeit der Unterweisung

	Mädchen		Jungen		insgesamt	
	N	%	N	%	N	%
Ich bin voll dieser Meinung	278	78,5	309	71,7	587	75,2
Auszubildende sollten gleich mitwirken	75	21,2	119	27,6	194	24,8
	353	99,7	428	99,3	781	100,0

Bei der konkreteren Fassung unserer Frage nach der Erklärung oder Mitwirkung wendet sich das Blatt: Hier sind es 75,2% aller Schüler, die erst eine vollständige Darstellung der Aufgabe und Lösungsansätze erwarten. Nur ein Viertel der Schüler wollen bei konkreter Aufgabenstellung bereits eine Mitwirkung vorschlagen. Hier kehrt sich auch die Haltung der Mädchen um. Nur 21,2% von ihnen wollen eine sofortige Mitwirkung gegenüber 27,6% der Jungen.

Die oben gewünschte Mitwirkung bei der Lösung einer Aufgabe bedeutet allerdings nicht, dass die Jugendlichen meinen, und zwar hier kaum geschlechtsspezifisch differenziert, dass sie unmittelbar bei den ersten Schritten die Lösungsfrage mittragen sollten, vielmehr meinen sie, es sollte schon vorher eine exakte Einweisung erfolgen. Den Jugendlichen scheinen die Schritte zur Lösung von praktisch gestellten Aufgaben klar: Eigene Mitwirkung ist bei ihnen zwar überwiegend gewünscht, aber erst nach klarer, präziser Vorbereitung und Unterstützung.

Tabelle 3a
Genauigkeit der Unterweisung

	Stadt schulen		Landkreis- schulen		insgesamt	
	N	%	N	%	N	%
Ich bin voll dieser Meinung	102	79,0	488	73,9	590	75,8
Auszubildende sollten gleich mitwirken	26	20,3	168	25,5	188	24,2
	128	99,3	656	99,4	778	100,0

Eine klare Differenzierung nach den Schülern der Stadtschulen und den Schülerinnen und Schülern der Landkreisschulen ist aus unseren Daten hier nicht zu interpretieren.

Frage III.
In schwierigen Fällen müßte diese Arbeit – soweit es geht – vorgemacht werden. Man kann dann bei der Arbeit am Anfang zuschauen und die richtige Arbeitshaltung erkennen.

Tabelle Nr. 4
Vormachen der Aufgabe

	Mädchen		Jungen		insgesamt	
	N	%	N	%	N	%
Ich bin voll dieser Meinung	266	75,1	304	70,5	570	72,8
Auszubildende sollten nach Erklärung sofort mitwirken	88	24,9	125	29,0	213	27,2
	354	100,0	429	99,5	783	100,0

Wir sind jetzt noch einen Schritt weiter hinsichtlich der Konkretisierung gegangen. Wir operationalisierten diesen Schritt damit, dass es um schwieriger zu lösende Fälle innerhalb des Ausbildungsprogramms der Betriebe geht. Dann, so meinten fast drei Viertel aller Schüler, sollte die Aufgabe und deren Lösung vorgemacht werden. Eine sofortige Mitwirkung bei der Lösung wollen auch hier nur ein Viertel der Schüler, wobei die Jungen eher bereit sind, auch in diesen Fällen einer sofortigen Mitwirkung zuzustimmen (29,0% der Jungen, 24,9% der Mädchen).

Mit dieser Frage hatten wir – folgend der Plausibilität in den aufsteigenden Schwierigkeitsgraden im Ausbildungsprozeß – auf die sicherlich auch mit größerem Unbehagen vorgestellte Lösung schwieriger Fälle abgestellt. Hier wird mit deutlicher Mehrheit (72,8%) ein methodischer Stufenprozeß gewünscht, dass es bei schwierigen Aufgaben nicht nur darauf ankommt, dass sie gründlich vorgestellt werden und dass bei Durchführung eine Mitwirkung der Auszubildenden erfolgen sollte, sondern dass diese Arbeiten auch demonstriert werden, so dass durch die Beobachtung der Lösungsarbeiten durch den Ausbilder ein weiterer Schritt zur Festigung des Lösungswissens gewünscht wird. Uns scheint, hier liegt eine Erklärung für potentielle Ursachen, die Unsicherheit erzeugen. Die Schüler erwarten „gleichberechtigt" Mitwirkung. Aus dem Unterricht kennen sie dieses didaktisch-/methodische Vorgehen. Werden ihnen jedoch die Differenzen – bis hin zu schwierigen Fällen gesteigert – erläutert, die zwischen

Schule und Ausbildung bestehen, passen sie ihre Ansprüche den Erfordernissen an und präferieren dann die unterstützende Arbeit, die ihnen die Ausbilder geben können.

Tabelle 4a
Vormachen der Aufgabe

	Stadtschulen		Landkreisschulen		insgesamt	
	N	%	N	%	N	%
Ich bin voll dieser Meinung	92	71,9	481	72,9	573	72,9
Auszubildende sollten nach einer Erklärung sofort mitwirken	36	28,1	177	26,8	213	27,1
	128	100,0	658	99,7	786	100,0

Eine klare Differenzierung nach den Schülern der Stadtschulen und den Schülerinnen und Schülern der Landkreisschulen ist aus unseren Daten hier nicht zu interpretieren.

Frage IV.
Trotz dieser Vorbereitung muß bedacht werden, daß Auszubildende besonders bei Beginn der Arbeit Anfänger sind. Vielleicht haben sie die Aufgabe trotz guter Erklärung nicht richtig verstanden. Wenn sie dann fragen, soll der Ausbilder/die Ausbilderin die Erklärung noch einmal sagen.

Tabelle 5
Rücksicht auf Anfänger

	Mädchen		Jungen		insgesamt	
	N	%	N	%	N	%
Ich bin voll dieser Meinung	253	72,9	270	63,1	523	67,2
Das ist richtig, aber etwas zu kompliziert	29	8,2	48	11,1	77	9,4
Viele Erklärungen, wie vorgeschlagen, wären übertrieben. *Eine* gründliche Erklärung genügt.	55	15,5	74	17,2	129	16,6
Gute Schüler/Auszubildende müssen eine Aufgabenstellung gleich verstehen können.	14	4,0	35	8,1	49	6,3
	351	100,6[1]	427	99,5	778[2]	99,5

1 Wenn die Gesamt-% nicht exakt 100 sind, liegen Rundungsfehler vor.

2 Bei einigen dieser Antworten könnte eine Rolle spielen, dass hier Mädchen fürchten, das richtige technische Verständnis für die Lösung praktischer Aufgaben nicht aufbringen zu können.

Hier haben wir nicht die objektiven Schwierigkeiten, die bei einer Aufgabenlösung entstehen können, operationalisiert, sondern die individuellen Schwierigkeiten, denen sich die Schülerinnen und Schüler als Auszubildende evtl. ausgesetzt fühlen. Die Frage bezieht sich auf die Notwendigkeit zu nochmaliger Erklärung bei nicht verstandener Aufgabenstellung. Kaum ein Schüler akzeptiert, dass man in jedem Falle eine Aufgabenstellung gleich verstanden haben muß. Eine überwiegende Mehrheit (67,2%) wollen die Sicherheit haben, dass eine nicht verstandene Aufgabe noch einmal erklärt wird, die Mädchen stärker als die Jungen (71,6% zu 62,6%). Dass eine gründliche Erklärung genügen könne, meinen 16,6% und hier überwiegen die optimistischen Haltungen der Jungen (17,2%) gegenüber der eher skeptischen Haltung zu ihrer eigenen Leistungsfähigkeit der Mädchen (5,5%).

Eine Erklärung dieser Geschlechtsspezifik könnte sein, dass die Mädchen nach allen in jüngster Zeit gefundenen Ergebnissen mit ihren schulischen Leistungen den Jungen überlegen sind und sie sich deshalb hier auch stärker die schulischen Normen für die Aufgabenlösung vorstellen, demgegenüber scheinen die Jungen optimistischer zu sein, dass sie bei der Lösung praktischer Aufgaben einen leichteren Zugang zur Lösung finden werden.

Mit dieser Frage waren die Vorbehalte und Ängste operationalisiert, die bei den Schülern beim Übergang in die Berufsausbildung vermutet werden. Zwei Drittel aller Schüler – bei den Mädchen 71,6%, bei den Jungen 62,6% - wollen sich die Option offen halten, den Ausbilder fragen zu können, um sich für die Durchführung von Aufgaben eine größere Sicherheit zu verschaffen. Sie wünschen offenbar auch an dieser Stelle schulähnliche Strukturen in ihrem Verhältnis zum Ausbilder. Damit könnten die Übergangsprobleme, wie sie sie sehen, gemindert werden.

Tabelle 5a

Rücksicht auf Anfänger	Stadtschulen		Landkreisschulen		insgesamt	
	N	%	N	%	N	%
Ich bin voll dieser Meinung	89	69,5	436	66,1	525	67,2
Das ist richtig, aber etwas zu kompliziert	6	4,7	71	10,8	77	9,9
Viele Erklärungen, wie vorgeschlagen, wären übertrieben. *Eine* gründliche Erklärung genügt	20	15,6	110	16,7	130	16,6
Gute Schüler/Auszubildende müssen eine Aufgabenstellung gleich verstehen können	12	9,4	37	5,6	49	6,3
	127	99,2	654	99,2	781	100,0

Eine klare Differenzierung nach den Schülern der Stadtschulen und den Schülerinnen und Schülern der Landkreisschulen ist aus unseren Daten nicht zu interpretieren.

Frage V.
Wenn die Aufgabe dann gelöst wurde, soll der Ausbilder/die Ausbilderin natürlich neben der Anerkennung guter Leistung auch auf die Fehler hinweisen. Dazu sollte er/sie aber durchaus ruhig und freundlich bleiben.

Tabelle 6
Lob und Tadel

	Mädchen		Jungen		insgesamt	
	N	%	N	%	N	%
Er/sie sollten nur loben	2	0,6	6	1,4	8	1,1
Er/sie sollte auf die Fehler hinweisen	38	10,9	73	17,8	111	14,6
Lob und Kritik sollten beide angemessen sein	272	78,2	285	69,3	557	73,4
Wenn eine Leistung schlecht ist, sollte das auch deutlich gesagt werden	36	10,3	47	11,4	83	10,9
	348	100,0	411	99,9	759	100,0

Die Situation nach der Lösung einer Aufgabe schafft – je nach Haltung der Ausbilder bzw. nach Vorstellung der Schüler und Schülerinnen – in Extremfällen entweder eine frustrierende oder aber eine die künftigen Ausbildungsleistungen verstärkende Situation.

Überwiegend (74,4%) votieren die Schüler dafür, dass Lob und Kritik beide angemessen gegeben werden sollten. Allerdings ist hier doch auch eine geschlechtsspezifische Differenzierung zu beachten. Während 66,1% der Jungen für angemessenes Lob und angemessenen Tadel eintreten, neigen sie dazu, dass kritische Bemerkungen der Ausbilder von ihnen eher akzeptiert werden als von den Mädchen.

Auch hier haben wir Operationalisierungen für das Erfassen der Ängste und Unsicherheiten gesucht. Hier jetzt nicht auf der praktisch fachlichen Ebene und deren methodischen Realisierungen, sondern auf der emotionalen Ebene. Die Antworten von 74,4% der Schülerinnen und Schüler, dass Lob und Kritik angemessen verteilt werden sollten, erscheint als ein allgemeines Lösungsventil, womit nach Meinung der Schüler die Einforderungen des Lobens neben der Kritik eine eindeutige psychische Stütze bedeutet.

Tabelle 6a
Lob und Tadel

	Stadtschulen		Landkreisschulen		insgesamt	
	N	%	N	%	N	%
Er/sie sollten nur loben	ca. 1%		ca.1%			
Er/sie sollte auf die Fehler hinweisen	22	18,3	90	14,2	112	14,8
Lob und Kritik sollten beide angemessen sein	77	64,2	482	76,2	559	74,2
Wenn eine Leistung schlecht ist, sollte das auch deutlich gesagt werden	21	17,5	62	9,8	83	11,0
	120	100,0	634	100,2	754	100,0

Mit den Antworten auf die nächste Frage wird die Gründlichkeit der Ausbildung vor dem Umfang eines größeren Wissenserwerbs gesetzt. Die unterstützende Wirkung einer Wiederholung der Lösung wird einmütig gewünscht, womit in den Vorstellungen der Schülerinnen und Schüler von der Ausbildung auch eher schulischer Charakter erwartet wird.

Frage VI.
Auch wenn eine Aufgabe richtig gelöst wurde, heißt das noch nicht, daß man sie wirklich gut kann. Deshalb gehört zu einer guten Ausbildung, daß man die Aufgabe noch einmal an einem neuen Stück wiederholen kann.

Tabelle 7
Festigung durch Wiederholung der Aufgabe

	Mädchen		Jungen		insgesamt	
	N	%	N	%	N	%
ja, das meine ich auch	331	93,5	381	88,4	712	90,0
einmal lösen genügt, man muß weitere Aufgaben lernen	23	6,5	47	10,9	70	10,0
	354	100,0	428	99,3	782	100,0

Gemeint ist hier die Stabilisierung der Reaktion der Ausbilder auf gelöste Aufgaben, hier werden die Schülerinnen und Schüler mit dem didaktischen Prinzip der Wiederholung – das ihnen von der Schule her vertraut ist – konfrontiert. Daher kommt sicher auch die hohe Zustimmung von 90,0%. An diesem Ergebnis wird geradezu plastisch sichtbar, dass die Vorstellungen der Schülerinnen und Schüler, bedingt durch die langen und intensiven Erfahrungen in dieser Hinsicht durch den Schulbesuch, sich für die Berufsausbildung hinsichtlich der bewährten Lehrmethoden vorstellt, dass diese auch in der Ausbildung weitergeführt würden.

Tabelle 7a
Festigung durch Wiederholung der Aufgabe

	Stadtschulen		Landkreisschulen		insgesamt	
	N	%	N	%	N	%
Ja, das meine ich auch	113	88,3	602	91,2	710	90,4
Einmal lösen genügt, man muß noch weitere Aufgaben lernen	15	11,7	55	8,3	70	8,9
	128	100,0	657	99,5	780	99,3

Eine spezifische Differenzierung ist hier nicht feststellbar.

Frage VII
Neben dem „gut erklären können" gehört aber auch „gut führen können". Was kann damit gemeint sein?[1]

Tabelle 8
Führungsqualität

	Mädchen		Jungen		insgesamt	
	N	%	N	%	N	%
Kameradschaftlich sein	194	54,8	253	61,0	447	59,4
Wie Vater/Mutter sein	4	1,1	13	3,0	17	3,1
Ein Ausbilder/eine Ausbilderin sind Vorgesetzte. Daran muß man sich gewöhnen.	87	24,6	96	22,3	183	24,1
Immer geduldig sein kann kein Ausbilder. Das ginge auch zu Lasten der anderen und des Ausbildungszieles	61	17,2	53	12,3	114	13,2
	346	97,7	415	98,6	761	99,8

1 Die Differenzen zu 100% sind mit Antwortverweigerungen begründet

Aus dem Ergebnis der vorgenannten Frage läßt sich auch erklären, dass lediglich 13,2% der Schüler den Ausbildern zubilligen möchten, dass sie unter anderen Kategorien angetreten sind, betriebliche Berufsausbildung zum Erfolg zu führen. Sie erwarten vielmehr zu knapp 60%, dass die Ausbilder ein kameradschaftliches Verhältnis (besonders geprägt von der Haltung der Jungen – 58,7%) pflegen. Immerhin sieht ein Viertel von ihnen, dass der Ausbilder oder die Ausbilderin – anders als die Lehrer – im Betrieb den Status eines Vorgesetzten haben, an den man sich gewöhnen müßte.

Noch einmal sprechen wir mit dieser Frage die emotionale Situation an, die für das Wohlfühlen und damit auch den Erfolg der Ausbildung bedeutsam sind. Wir haben unter diesem Aspekt das Thema operationalisiert anhand der emotionalen Beziehungen über den engen Raum der Ausbildungstätigkeit hinaus. Letztlich geht es bei dieser emotionalen Einstellung auch um den Erfolg der Ausbildung, nicht nur um die Stimmung am Arbeitsplatz. 60% der Schüler erwarten eine erfolgreiche Ausbildung, wenn der Ausbilder ihnen kameradschaftlich gegenübersteht. Ein Viertel sieht eine positive Haltung des Ausbilders darin, dass er als Vorgesetzter angesehen werden soll. Auch das läßt darauf schließen, dass die Jugendlichen das Bild, das sie vom Lehrer ihrer allgemein bildenden Schule haben, übertragen wollen und sich davon nicht nur ein günstigeres Klima sondern auch eine günstigere Prognose auf den Erfolg ihrer Ausbildung erwarten.

Rose u.a. berichten, dass die Jugendlichen in der Ausbildung Kameradschaftlichkeit („Kumpelhaftigkeit“) gut finden und „die meisten“ berichten über solche positiven Verhältnisse.[1] Aber 60% der Abbrecher und noch 23% der Facharbeiter und Gesellen sehen[2] den Grund für ihr Scheitern oder für Konflikte im Verhältnis zu den Ausbildern. Werden die Ausbilder zu Sündenböcken? Oder entsprechen die Rollenerwartungen – evtl. von beiden Seiten – nicht den Gegebenheiten? Die Rolle des Ausbilders scheint ambivalent. Ist der Ausbilder Sündenbock für Leistungsprobleme der Auszubildenden oder ist seine Rolle zu unbestimmt, so dass Erwartungen und Selbsteinschätzungen nicht immer konstruktiv zusammenpassen?

---

1 vgl. Rose, Petra, u.a., a.a.O., S. 4

2 vgl. ebenda

Tabelle 8a
Führungsqualität

	Stadtschulen		Landkreisschulen		insgesamt	
	N	%	N	%	N	%
Kameradschaftlich sein	66	50,0	384	58,2	450	58,9
Wie Vater/Mutter sein	2	1,6	15	2,3	17	2,2
Ein Ausbilder/eine Ausbilderin sind Vorgesetzte. Daran muß man sich gewöhnen	33	27,5	150	23,7	183	23,9
Immer geduldig sein kann kein Ausbilder. Das ginge auch zu Lasten der anderen und des Ausbildungszieles	19	15,8	95	14,4	114	14,9
	120	99,9	644	98,6	764	99,9

Eine spezifische Differenzierung nach den Schulstandorten ist hier nicht feststellbar.

Frage VIII.
Zu einer guten Ausbildung gehört, dass die Arbeiten am Anfang weniger schwierig sind und daß die Schwierigkeiten bei den Arbeiten in Schritten steigen, die auf dem vorher Gelernten aufbauen.

Tabelle 9
Methodische Qualität

	Mädchen		Jungen		insgesamt	
	N	%	N	%	N	%
Das Vorgeschlagene halte ich für richtig	288	81,4	342	79,4	630	80,3
Das wäre wie in der Schule. Im Betrieb kann man das so nicht machen, denn dort muß gearbeitet werden, was bestellt ist.	66	18,6	86	20,0	152	19,7
	354	100,0	428	99,4	782	100,0

Hier werden die Schüler gefragt, ob sie das didaktische Prinzip vom Einfachen zum Schweren auch für die betriebliche Ausbildung als relevant ansehen. In den Ausbildungswerkstätten/ Lehrwerkstätten kann man dieses Prinzip sicherlich als gegeben voraussetzen, allerdings kaum in Kleinbetrieben, insbesondere des Handwerks, wo die Arbeiten nach dem Auftragseingang gestaltet werden müßten, denn eine Didaktisierung dürfte dort schwierig sein. Die Schülerinnen und

Schüler erwarten aber überwiegend (80,3%), dass das didaktische Prinzip vom Einfachen zum Schweren auch in der betrieblichen Ausbildung gilt. Hier ist also weiterhin in diesem Beispiel deutlich geworden, dass die Erfahrungen im schulischen Bereich in der Erwartung an die betriebliche Ausbildung umgesetzt werden.

Im Anschluß an die vorangegangene Frage haben wir noch einmal direkt konfrontiert, was es für Unterschiede im Verhalten von Ausbildern und Lehrern gehen könnte und welche Haltung von den Auszubildenden präferiert wird. Das didaktische Prinzip vom Einfachen zum Schweren wird von der überwiegenden Zahl der Auszubildenden auch von der Berufsausbildung gefordert. Die Abhängigkeit der Ausbildungstätigkeit an die Auftragsgebundenheit und Kundengebundenheit der Betriebe, wie sie in kleineren Betrieben existiert, wird kaum von den Jugendlichen gesehen und akzeptiert.

Tabelle 9a

	Stadtschulen		Landkreisschulen		insgesamt	
	N	%	N	%	N	%
Das Vorgeschlagene halte ich für richtig	95	74,2	538	81,5	633	80,6
Das wäre wie in der Schule. Im Betrieb kann man das so nicht machen, dort muß gearbeitet werden, was bestellt ist	32	25,0	120	18,2	152	19,4
	127	99,2	658	99,7	785	100,0

Hier neigen die Schülerinnen und Schüler der Landkreisschulen stärker (81,5%) zu dem schulischen didaktischen Prinzip, während die Schülerinnen und Schüler in den Stadtschulen zwar auch mehrheitlich (74,2%) diesem didaktischen Prinzip zustimmen, aber auch mit 25%, also einem Viertel, der Meinung sind, dass Betrieb und Schule zu trennen seien.

Frage IX.

Von einer guten Berufsausbildung erwartet man, daß sie über den „Tellerrand“ hinausblickt, d.h. eine gute Berufsausbildung beschränkt sich nicht darauf, daß man einzelne Tätigkeiten ausführen kann. Dazu gehört dann auch, daß mit den Ausbildern/Ausbilderinnen über Dinge gesprochen wird, die über den engeren Rahmen der gerade getätigten Arbeit hinausgehen. Es sollte aber über das Fachliche hinaus auch während der Ausbildung zu Gesprächen mit den Ausbildern kommen, wo über Hobbies, z.B. auch über Sport geredet werden kann.

Tabelle 10
Ausbildung und Privates

	Mädchen		Jungen		insgesamt	
	N	%	N	%	N	%
Die Ansicht halte ich für richtig	108	33,4	197	50,2	305	42,7
Privates kann man mal äußern, aber es kann auch störend wirken	215	66,6	195	50,0	410	57,4
Privates gehört nicht in den Betrieb[1]	-	-	-	-	-	-
	323	100,0	392	100,2	715	100,1

Einen wesentlichen Aspekt hinsichtlich der Erwartungen und der Unsicherheiten, ob diese Erwartungen realistisch genug sind, dass man auf sie vertrauen kann, bietet das soziale Umfeld, in das die Auszubildenden hineinkommen. Operationalisiert haben wir diesen Aspekt, indem wir neben die Ausbildungs- und Arbeitsbedingungen auch das eher Private/Familiäre gestellt haben. Dass Privates überhaupt nicht in den Betrieb gehöre, wird von keinem Probanden akzeptiert. Eine große Minderheit (42,7%) äußert die Erwartung (deutlich präferiert von den Jungen), dass im Betrieb neben der Arbeit auch Privates angesprochen werden sollte, das über das Fachliche hinausgeht. Wahrscheinlich wegen der Vorgabe des Sports sind die Erwartungen der Jungen mit 50,2% weitaus höher als die der Mädchen mit 33,4%. Hierbei dürfte evtl. auch eine Rolle spielen, dass man mit dem Ausbilder/der Ausbilderin überwiegend eine männliche Person in dem Betrieb verbindet und dass die Mädchen zu diesen Personen dann über private Dinge keine Gesprächsthematik erwarten. Entsprechend neigen die Mädchen auch dazu, dass Privates weniger in den Betrieb gehört (66,7%) gegenüber den Jungen, die entsprechend ihre Antworten zugunsten privater Gesprächsinhalte zu 50,0% zu dieser Frage nennen. Jungen und Mädchen gehen also mit unterschiedlichen Erwartungen und unterschiedlichen Vorstellungen von den wünschenswerten erfolgreichen Strukturen einer Berufsausbildung aus.

1 Die fehlenden Angaben entsprechen: „Keine Angabe“

Tabelle 10a
Ausbildung und Privates

	Stadtschulen		Landkreisschulen		insgesamt	
	N	%	N	%	N	%
Das Vorgeschlagene halte ich für richtig	54	42,2	252	38,2	306	39,1
Privates kann man mal äußern, aber es kann auch störend wirken	52	40,6	360	54,5	412	52,6
Privates gehört nicht in den Betrieb	21	16,4	44	6,4	65	8,3
	127	99,2	656	99,1	783	100,0

Bei der regionalen Differenzierung zwischen den befragten Schulen in der Stadt und im Landkreis sind – erwartungsgemäß – keine relevanten Unterschiede festzustellen.

Zwischenzusammenfassung

Bei der Lösung der Aufgabe mitwirken. Das heißt: bei der Lösung von Aufgaben in der betrieblichen Ausbildung präferierte eine Mehrheit von 53,8% der Schülerinnen und Schüler (= 408) ein Zusammenwirken zwischen Ausbilder und Auszubildenden.

Wird jedoch die Fassung unserer Frage konkreter, wendet sich das Blatt: 75,2% aller Schüler erwarten bei einer bestimmten Aufgabe eine vollständige Darstellung dieser Aufgabe und Lösungsansätze dazu. Nur ein Viertel der Schüler wollen bei einer konkreten Aufgabenstellung bereits eine eigenständige Mitwirkung.

Bei einem weiteren Schritt zur Konkretisierung meinten fast drei Viertel aller Schüler, die Aufgabe und deren Lösung sollte vorgemacht werden. Eine sofortige Mitwirkung bei der Lösung wollen auch hier nur ein Viertel aller Schülerinnen und Schüler.

Wenn nicht nach der Lösung objektiver Schwierigkeiten, sondern nach der Lösung individueller Schwierigkeiten gefragt wird, akzeptiert kaum ein Schüler, dass man in jedem Falle eine Aufgabenstellung gleich verstanden haben muß. Eine überwiegende Mehrheit (67,2%) wollen die Sicherheit haben, dass eine nicht verstandene Aufgabe noch einmal erklärt wird. Die Schüler wünschen offenbar an dieser Stelle schulähnliche Strukturen in ihrem Verhältnis zum Ausbilder. Damit könnten die Übergangsprobleme, wie sie sie sehen, gemindert werden. Sie sind aber nicht sicher, ob in der Ausbildung so verfahren wird. Deshalb ziehen sie Parallelen vom schulischen Lernen zum beruflichen Lernen in Betrieben. Das Verhalten der Pädagogen, sie könnten Lernen in allen Situationen optimal strukturieren, ist wohl die Ursache für diese Annahme.

Fragen, die sich auf das gewünschte Verhältnis von Auszubildenden und Ausbildern beziehen zeigen, dass lediglich 14,8% der Schüler den Ausbildern zubilligen möchten, dass sie unter anderen als schulischen Kategorien angetreten sind, betriebliche Berufsausbildung zum Erfolg zu führen. Sie erwarten vielmehr zu knapp 60%, dass von den Ausbildern die Ausbildung als ein kameradschaftliches Verhältnis geprägt ist. Immerhin sieht ein Viertel von ihnen, dass der Ausbilder oder die Ausbilderin – anders als die Lehrer – im Betrieb den Status eines Vorgesetzten haben, an den man sich gewöhnen müßte.

Kameradschaft fordert, dass Emotionalität wichtig ist, die für das Wohlfühlen und damit auch für den Erfolg der Ausbildung bedeutsam sind, denn es geht um den Erfolg der Ausbildung, nicht nur um die Stimmung am Arbeitsplatz. Das bedeutet, dass 60% der Schüler eine erfolgreiche Ausbildung erwarten, wenn der Ausbilder ihnen kameradschaftlich zur Seite steht. Das läßt darauf schließen, dass die Jugendlichen das Bild, das sie vom Lehrer ihrer allgemein bildenden Schule haben, auf den Ausbilder übertragen wollen und sich davon nicht nur ein günstigeres Klima sondern auch eine günstigere Prognose auf den Erfolg ihrer Ausbildung erwarten.

Wie beurteilen die Schüler ihre Erwartungen? Sind sie realistisch genug, dass man auf sie vertrauen kann?

Jungen und Mädchen gehen mit unterschiedlichen Erwartungen und unterschiedlichen Vorstellungen von den wünschenswerten erfolgreichen Strukturen einer Berufsausbildung aus. Jungen wünschen eher Privates (45,7%) als Mädchen, die zu 60% Zurückhaltung üben. Offenbar erwarten die Jugendlichen eine entspanntere Atmosphäre, in der sie Mißerfolge weniger fürchten.

Kurzgefaßt lautet das Ergebnis des ersten Teils unserer Studie: Die Unsicherheit der Jugendlichen vor dem Übergang in die Berufsausbildung versuchen diese durch Vorstellungen zu überbrücken, die sie aus ihren Erfahrungen mit dem Alltag der abgebenden Schule transponieren. Gisela Jasper hat herausgefunden, dass sich Praktikanten noch wie Schüler verstehen. Das dürfte deshalb für die künftigen Entlaßschüler genauso zutreffen. Allerdings drückt die Schüler doch die Sorge, das Berufslernen könnte schwerer werden, deshalb stellen sie sich vor, die Ausbilder sollten ihnen helfend zur Seite stehen. Gleich mitwirken wird dann doch zugunsten genauer Unterweisung zurück gestellt und der Ausbilder soll außer dem Erklären auch die Lösung einer Aufgabe vormachen. Nicht der Übergang – die unmittelbare Konfrontation mit Neuem – sondern die Zeit danach wird mit Skepsis betrachtet. Vielleicht, weil die Vorbereitung nicht gut war. Lederer warf in seiner Arbeit den Schulen sogar vor, zu optimistisch die Ausbildung dargestellt zu haben. Der Übergang sei sehr begrüßt worden. Umstellungen – so zeigt ein erster Blick in den zweiten Teil der Studie – werden erwartet und optimistisch gesehen – man könne das schaffen.

Sehr sicher sind sie sich dabei offensichtlich nicht, deshalb wünschen sie Rücksicht auf ihren Anfängerstatus. Eine besonders wünschenswerte Haltung setzen sie in die Kameradschaftlichkeit der Ausbilder. Hierzu können vorbereitende Maßnahmen, wie Jasper sie nennt, beitragen. Sie erwarten dadurch Hilfen.

Dass diese Wünsche auch aus den Erfahrungen der abgebenden Schule übertragen werden, haben wir schon in dem oben erwähnten Pretest gesehen. Das mildert offenbar in den Augen der Jugendlichen möglicherweise auftretende Probleme, die sich auf „Augenhöhe“ besser vermeiden lassen. Die Schüler sehen aber, dass eine Übertreibung des Privaten dem Anspruch auf fachliche Qualifizierung im Wege stehen kann. Diese Haltung kann auch dadurch gegeben sein, dass die Schüler – wie Bußhoff festhält – ungünstige Bedingungen in erstaunlichem Maße in Kauf nehmen. Wenn das so ist, sollten die Übergangsschwierigkeiten nicht dramatisiert werden.

Im Folgenden legen wir weitere Ergebnisse unserer Feldstudie vor, die aus einem anderen Bundesland (Hessen) Ansätze zu Vergleichen bieten können.

Ergänzung einer Vergleichsbefragung zweier kooperativer Gesamtschulen: Osnabrück – Schenklengsfeld

Anschließend an die Erhebung in Osnabrück haben wir die gleichen Fragen als Kontrolluntersuchung in der Kooperativen Gesamtschule in Schenklengsfeld – Osthessen, Kreis Fulda/Rothenburg – gestellt. Auch hier waren die Schüler und Schülerinnen der Abgangsklassen gefragt. Wir werden daran anschließend die Ergebnisse aus Niedersachsen und Hessen miteinander vergleichen.

Befragt werden konnten 75 Schüler. Die Gruppe setzte sich zusammen aus 33 Mädchen (44,0%) und 42 Jungen (46,0%). Hinsichtlich der Altersgruppierungen entfielen auf den Bereich der 15-jährigen 26 Schüler/-innen (34,7%) und den Bereich der 16-jährigen 41 Schüler/-innen (54,7%).

Die Besetzung der beiden Schulzweige Hauptschule und Realschule ergab folgende Zahlen:

Tabelle 11

	Hauptschulzweig		Realschulzweig	
	N	%	N	%
Schüler/-innen	37	49,3	38	50,7

Die *erste Frage* lautete auch hier: „Ausbilder sollten wie Lehrer eine Aufgabe gut erklären können – was ist Deiner Meinung nach wichtig?“ Wir nannten die in der Tabelle 12 aufgeführten Items als Wahl für die Antwortmöglichkeiten.

Tabelle 12
Ausbilderfunktion

	N	%
Über die Aufgabe reden	11	14,7
Die Aufgabe durch Bilder veranschaulichen	4	5,3
Die Auszubildenden mitwirken lassen	38	50,7
Keine Antwort	22	29,3
	75	100,0

Fast ein Drittel der Schüler/-innen enthielt sich einer Stellungnahme (22 = 29,3%). Nur über die Aufgabe reden oder sie durch Bilder veranschaulichen lassen, wünschte nur eine Minderheit = 20,0%. Überwiegend wünschten auch hier die Schüler/-innen für ihre Ausbildungszukunft, dass die Auszubildenden bei der Lösung von Aufgaben mitwirken sollten (38=50,7%). Bei diesen Daten ist eine geschlechtsspezifische Differenzierung wenig aussagefähig, sie tritt auch bei den Antworten auf diese Frage nicht zutage.

Mit der *zweiten Frage*: „Bei einer ganz bestimmten Aufgabe sollte einem Auszubildenden eine Arbeit erst dann übertragen werden, wenn sie genau vorgestellt wurde“, wollten wir die Meinung der Schüler/-innen wissen, ob sie sich wünschten oder vorstellen konnten, dass in der Ausbildung erst eine Demonstration der zu erledigenden Tätigkeit von dem Ausbilder geleistet werden sollte oder ob – auch hier – die Auszubildenden gleich an der Lösung der Aufgabe mitbeteiligt werden sollten.

Tabelle 13
Genauigkeit der Unterweisung[1]

	N	%
Bevor die Verantwortung übernommen werden kann, sollte die Anweisung genau sein	55	73,3
Auszubildende sollten gleich mitwirken	20	26,7
	75	100,0

Das Vormachen durch die Ausbilder, damit die Auszubildenden die Lösung erst gewissermaßen demonstriert und vorgestellt bekommen, wünschten sich die überwiegende Mehrheit (55%=73,3%); für das Item „Mitwirken“ votierten 20 (26,7%). Hier könnte man bei einem größeren sample auch geschlechtsspezifische Unterschiede vermuten, da für die Demonstrationslösung überwiegend Jungen votierten (42,7% vs. 30,7%).

Mit der *dritten Frage*: „In schwierigen Fällen müßte die Arbeit – soweit es geht – vorgemacht werden. Man kann dann bei der Arbeit am Anfang zuschauen und die richtige Haltung erkennen“, wurde das gleiche Problem noch einmal aufgegriffen, jetzt aber im Zusammenhang mit der Annahme von schwierigen Fällen. Auch hier votierten – mit angedeuteter geschlechtsspezifischer Differenzierung – die Schüler/-innen überwiegend (50=66,7%) dafür, dass eine für sie erfolgversprechende Anleitung zum Lernen in schwierigen Fällen zusätzlich zur Information das beispielhafte Vormachen des Ausbilders zählt, an das der eigene Versuch angelehnt werden kann.

Die *vierte Frage*: „Trotz der Vorbereitung muß bedacht werden, dass Auszubildende besonders bei Beginn der Arbeit Anfänger sind. Vielleicht haben sie die Aufgabe trotz guter Erklärung nicht richtig verstanden. Wenn sie dann fragen,

1 Die Fragenformulierungen sind die gleichen wie in den oben ausgewerteten Schülerantworten

soll der Ausbilder die Erklärung noch einmal sagen“, kreiste noch einmal um das gleiche Problem, womit wir hier den Anfängerstatus der Jugendlichen herausgestellt haben. Die Schüler/-innen hatten die Möglichkeit, die verständnisorientierte Nachfrage zu wählen. Sie konnten dieses Verfahren als zu kompliziert kritisieren, sie konnten auch dafür votieren, dass eine gründliche Erklärung genüge und schließlich, besonders für die Situation der guten Schüler, dass eine Aufgabenstellung gleich verstanden werden müsse.

Tabelle 14
Vormachen der Aufgabe

	N	%
Auf Fragen soll der Ausbilder die Aufgabe wiederholen[1]	51	69,9
Das ist richtig, aber etwas kompliziert.	5	6,8
Viele Erklärungen wären übertrieben, *eine* gründliche Erklärung genügt	14	19,2
Auszubildende müssen eine Aufgabenstellung gleich verstehen können	3	4,0
	73	99,9

Für die „Verständnislösung“ votierte auch hier die überwiegende Mehrheit (51 = 68,0%) – eine Geschlechtsspezifik ist nicht erkennbar. Unter den anderen Alternativen wird lediglich hervorgehoben (14=18,7%), dass eine gründliche Erklärung genüge. Es wird deutlich, dass die Schüler/-innen in ihrer Herkunftsschule die bekannten schulischen, didaktisch strukturierten Vorgehensweisen präferieren, d.h. auch eine didaktisierte Berufsausbildung in den Betrieben erwarten.

Die *fünfte Frage*: „Wenn die Aufgabe dann gelöst wurde, soll der Ausbilder natürlich neben der Anerkennung guter Leistungen auch auf die Fehler hinweisen. Dazu sollte er aber durchaus ruhig und freundlich bleiben“, leitet die Gruppe von Items ein, mit der wir das atmosphärische Feld in der Berufsausbildung aus der Sicht der Schüler/-innen durchleuchten wollten. Nach getaner Arbeit werden bestimmte Haltungen des Ausbilders von uns vorgegeben, und zwar:

Nur loben
Auf Fehler hinweisen
Lob und Kritik angemessen verteilen
Deutlich auch auf ungenügende Leistungen hinweisen.

1 Zur Erleichterung des Lesens der Tabellen wurden z.T. die Itemformulierungen verkürzt wiedergegeben.

Tabelle 15
Lob und Tadel[1]

	N	%
Er/sie sollte nur loben	1	1,3
Er/sie sollte auf die Fehler hinweisen	8	10,7
Lob und Kritik sollten angemessen sein	42	65,0
Wenn die Leistung schlecht ist, sollte das auch deutlich gesagt werden	4	5,3
Keine Antwort	20	26,7

Lob und Kritik soll nach Meinung der Mehrheit (42=65,0%) angemessen verteilt werden – in diesem Fall mit erkennbarer Geschlechtsspezifik: Die Jungen präferieren die Ausgewogenheit von Lob und Kritik höher als die Mädchen – Hinweise auf Fehler werden kaum akzeptiert. Die Schüler und Schülerinnen möchten – auch wenn berechtigt – kritische Bewertung ihrer Leistungen ignorieren. Diese Haltung in der Berufsausbildung widerspricht deren Ziel. Die Kunden- oder Konsumentensicht ist ausgeschlossen. Vermutlich fehlen Hinweise im Rahmen der Berufsorientierung durch die Schule.

Auch bei *Frage sechs*: „Auch wenn eine Aufgabe richtig gelöst wurde, heißt das noch nicht, dass man sie wirklich gut kann. Deshalb gehört es zu einer guten Ausbildung, dass man die Aufgabe noch einmal an einem neuen Stück wiederholen kann“, geht es um Atmosphärisches/Didaktisches. Eine einmal geleistete Arbeit bedarf der Wiederholung zur Verbesserung der Leistungsfähigkeit. Wir hatten vorgeschlagen, es gehöre zu einer guten Ausbildung, dass man die Aufgabe noch einmal wiederholen dürfe. Diese Haltung wird von den Schülern einhellig unterstützt (72=96,0%).

Mit der *Frage 7*: „Neben dem ‚gut erklären können’ gehört aber auch ‚gut führen können’. Was kann damit gemeint sein?“, wollten wir versuchen, einen Vergleich anzustellen zwischen den Wünschen und der Haltung zu den Fähigkeiten der Ausbilder.
Vorgegeben hatten wir die Kameradschaftlichkeit, die Familiarität (wie Vater und Mutter sein), die Betriebshierarchie (Ausbilder sind Vorgesetzte) und die Rolle des Ausbilders (Verfolgung des Ausbildungsziels), zu akzentuieren.

1 Es gab in Schenklengsfeld zu dieser Frage Mehrfachantworten.

Tabelle 16
Führungsqualität der Ausbilder

	N	%
Kameradschaftlich sein	38	50,7
Wie Vater/Mutter sein	3	4,0
Ausbilder sind Vorgesetzte, daran muß man sich gewöhnen	13	17,3
Ausbilder können nicht immer geduldig sein	8	10,7
Keine Antwort	13	17,3
	75	100,0

Überwiegend (38=50,7%) wollten die Schüler den kameradschaftlichen Ausbilder, den Ausbilder als Vorgesetzten und Fachmann akzeptierten nur eine Minderheit. Bei größerem N könnte höchstwahrscheinlich eine Rollenspezifik festgestellt werden: Die Kameradschaftlichkeit wird zu zwei Dritteln von den Jungen und zu einem Drittel von den Mädchen gewünscht, während die Rolle als Vorgesetzter deutlicher von den Mädchen akzeptiert wird. Die von uns befragten Schüler waren jedoch als Gruppe zu klein, eine begründete Aussage belegen zu können. Ca. 70% der Mädchen akzeptiert, dass der Ausbilder in der betrieblichen Ausbildung als Vorgesetzter, - d.h. als Fachmann – auftritt.

Die von uns vorgegebene Möglichkeit deutet darauf hin, dass die betriebliche Ausbildung nach einem eher schulischen/ didaktischen System aufgebaut ist, ein System, das den Schülern aus der Schule als nahezu einzige Möglichkeit für Lernsituationen bekannt ist. 57=76,0% der befragten Schüler stellen sich die Ausbildung auch in dieser didaktisierten Form vor, was betrieblich hauptsächlich von Großfirmen mit eigener Lehrwerkstatt (Ausbildungswerkstatt) geleistet werden kann – weniger von Kleinbetrieben, wie z.B. im Handwerk.

Frage 8: „Zu einer guten Ausbildung gehört, dass die Arbeiten am Anfang weniger schwierig sind, dass die Schwierigkeiten dann in Schritten steigen, die auf dem vorher Gelernten aufbauen."

Tabelle 17
Methodische Qualität des Ausbilders

	N	%
Die Aufgaben sollten vom Einfachen zum Schwereren steigen	57	76,0
In einem Betrieb kann das so nicht gehen, denn dort muß gearbeitet werden nach Bestellung/Auftrag	18	24,0
	75	100,0

Die Frage beschrieb das didaktische Prinzip „vom Einfachen zum Schweren", das den Schülern aus der Schule bekannt und ihnen vertraut ist. Immerhin sieht jeder vierte, dass in der Ausbildung auch andere als schulisch/didaktische Kriterien für den Ausbildungsplan relevant sein können – auch hier könnte eine Geschlechtsspezifik aufgezeigt werden: Die männlichen Jugendlichen plädieren zu ca. 65% für die didaktische Struktur der Ausbildungsinhalte.

Mit der *neunten Frage*: „Von einer guten Berufsausbildung erwartet man, dass sie über den ‚Tellerrand' hinausblickt, d.h. eine gute Berufsausbildung beschränkt sich nicht darauf, dass man einzelne Tätigkeiten ausführen kann. Dazu gehört auch, dass mit den Ausbildern über Dinge gesprochen wird, die über den engeren Rahmen der gerade getätigten Arbeit hinausgehen. Es sollte aber über das Fachliche hinaus auch während der Ausbildung zu Gesprächen mit den Ausbildern kommen, wo über Hobbies, z.B. über Sport geredet werden kann", wird noch einmal das soziale Umfeld angesprochen. Wir hatten Antwortmöglichkeiten vorgegeben, die auch außerfachliche Inhalte zum Gegenstand der betrieblichen Ausbildung machen oder dass das Private abgelehnt wird, da es die Ausbildung störe oder: dass das Private eigentlich gar nicht in einen Betrieb gehöre.

Tabelle 18
Ausbildung und Privates

	N	%
Die Ansicht halte ich für richtig	29	38,7
Privates kann man mal äußern, es kann aber auch störend wirken	31	41,3
Privates gehört nicht in den Betrieb	11	14,7
Keine Antwort	4	5,3
	75	100,0

Der überwiegende Teil der Schüler (31=41,3%) - ohne dass eine Geschlechtsspezifik erkennbar wäre - möchte, dass das Private nicht ausgeschlossen wird, dass es aber auf ein Minimum (sonst störend) begrenzt wird. Immerhin wollen aber fast ebenso viel (29=38,7%) - hier bei Überrepräsentanz der männlichen Schüler, wahrscheinlich, weil auch der Sport angesprochen wurde -, dass Gespräche auch außerhalb der fachlichen Diskussion möglich sein sollten. Dass Privates als störend empfunden wird, sagten nur 11 Schüler/-innen = 14,7%. Kurz gefaßt kann man die Haltung der Schüler dahin interpretieren, dass das soziale Umfeld in der Ausbildung stimmen muß – wie es bereits die Probanden in der Vorstudie formuliert hatten[1].

1 S. dazu die Ausführungen zu dem Ergebnisbericht zur Befragung während der Schulbörse in Spelle (S. 37 ff.)

Vergleich Osnabrück – Schenklengsfeld

Nach der ergänzenden Vorstellung der Datenerhebung zu unserer Thematik aus der Kooperativen Gesamtschule in Schenklengsfeld, stellen wir jetzt diese Ergebnisse den Ergebnissen der vorher beschriebenen, die wir aus der Befragung der Osnabrücker Schulen erhoben hatten zum Vergleich gegenüber.

Frage I.
Ausbilder sollten, wie Lehrer, eine Aufgabe gut erklären können, meinen die von uns bisher befragten Schüler. Was ist Deiner Meinung nach wichtig?

Tabelle 19
Ausbilderfunktion

	Osnabrück	Schenklengsfeld
Über die Aufgabe reden	38,8%	14,7%
Die Aufgabe durch Bilderveranschaulichen	8,6%	5,3%
Die Auszubildenden mitwirken lassen	52,6%	50,7%
Keine Antwort	-	29,3%
	100,0%	100,0%

Frage II. Bei einer ganz bestimmten Aufgabe sollte einem Auszubildenden eine Arbeit erst dann übertragen werden, wenn sie genau vorgestellt wurde.

Tabelle 20
Genauigkeit der Unterweisung

	Osnabrück	Schenklengsfeld
Ich bin voll dieser Meinung	75,8%	73,3%
Auszubildende sollten gleich mitwirken	24,2%	25,4%
	100,0%	98,7%

Frage III.
In schwierigen Fällen müßte diese Arbeit – soweit es geht – vorgemacht werden. Man kann dann dieser Arbeit am Anfang zuschauen und die richtige Arbeitshaltung erkennen.

Tabelle 21
Vormachen der Aufgabe

	Osnabrück	Schenklengsfeld
Ich bin voll dieser Meinung	72,9%	76,7%
Auszubildende sollten nach einer Erklärung sofort mitwirken	27,1%	23,3%
	100,0%	100,0%

Frage IV.
Trotz dieser Vorbereitung muß bedacht werden, daß Auszubildende besonders bei Beginn der Arbeit Anfänger sind. Vielleicht haben sie die Aufgabe trotz guter Erklärung nicht richtig verstanden. Wenn sie dann fragen, soll der Ausbilder/die Ausbilderin die Erklärung noch einmal sagen.

Tabelle 22
Rücksicht auf Anfänger

	Osnabrück	Schenklengsfeld
Ich bin voll dieser Meinung	67,2%	68,0%
Das ist richtig, aber etwas zu kompliziert	9,9%	6,7%
Viele Erklärungen, wie vorgeschlagen, wären übertrieben. *Eine* gründliche Erklärung genügt	16,6%	18,7%
Gute Schüler/Auszubildende müssen eine Aufgabenstellung gleich verstehen können	6,3%	4,0%
Keine Antwort	-	2,6%
	100,0%	100,0%

Frage V.
Wenn die Aufgabe dann gelöst wurde, soll der Ausbilder/die Ausbilderin natürlich neben der Anerkennung guter Leistung auch auf die Fehler hinweisen. Dazu sollte er/sie aber durchaus ruhig und freundlich bleiben.

Tabelle 23
Lob und Tadel[1]

	Osnabrück	Schenklengsfeld
Er/sie sollten nur loben	1,0%	1,3%
Er/sie sollte auf die Fehler hinweisen	14,9%	10,7%
Lob und Kritik sollten beide angemessen sein	74,1%	65,0%
Wenn eine Leistung schlecht ist, sollte das auch deutlich gesagt werden	21,1%	5,3%
Keine Antwort	-	26,7%

Frage VI.
Auch wenn eine Aufgabe richtig gelöst wurde, heißt das noch nicht, daß man sie wirklich gut kann. Deshalb gehört zu einer guten Ausbildung, daß man die Aufgabe noch einmal an einem neuen Stück wiederholen kann.

Tabelle 24
Festigung durch Wiederholung der Aufgabe

	Osnabrück	Schenklengsfeld
Ja, das meine ich auch	90,4%	96,0%
Einmal lösen genügt, man muß noch weitere Aufgaben lernen	4,0%	8,9%
	99,3%	100,0%

Frage VII.
Neben dem „gut erklären können" gehört aber auch „gut führen können". Was kann damit gemeint sein?

Tabelle 25
Führungsqualität

	Osnabrück	Schenklengsfeld
Kameradschaftlich sein	58,9%	50,7%
Wie Vater/Mutter sein	2,2%	4,0%
Ein Ausbilder/eine Ausbilderin sind Vorgesetzte. Daran muß man sich gewöhnen	14,0%	17,3%
Immer geduldig sein kann kein Ausbilder. Das ginge auch zu Lasten der anderen und des Ausbildungszieles	14,9%	10,7%
Keine Antwort	-	15,3%
	100,0%	100,0%

1 Hier waren Mehrfachantworten vorgekommen

Frage VIII.
Zu einer guten Ausbildung gehört, daß die Arbeiten am Anfang weniger schwierig sind und daß die Schwierigkeiten bei den Arbeiten in Schritten steigen, die auf dem vorher Gelernten aufbauen.

Tabelle 26
Methodische Qualität

	Osnabrück	Schenklengsfeld
Das Vorgeschlagene halte ich für richtig	80,6%	76,0%
Das wäre wie in der Schule. Im Betrieb kann man das so nicht machen, denn dort muß gearbeitet werden, was bestellt ist.	19,4%	24,0%
	100,0%	100,0%

Frage IX.
Von einer guten Berufsausbildung erwartet man, daß sie über den „Tellerrand" hinausblickt, d.h. eine gute Berufsausbildung beschränkt sich nicht darauf, daß man einzelne Tätigkeiten ausführen kann. Dazu gehört dann auch, daß mit den Ausbildern/Ausbilderinnen über Dinge gesprochen wird, die über den engeren Rahmen der gerade getätigten Arbeit hinausgehen. Es sollte aber über das Fachliche hinaus auch während der Ausbildung zu Gesprächen mit den Ausbildern kommen, wo über Hobbies, z.B. auch über Sport geredet werden kann.

Tabelle 27
Ausbildung und Privates

	Osnabrück	Schenklengsfeld
Die Ansicht halte ich für richtig	39,1%	38,4%
Privates kann man mal äußern, aber Es kann auch störend wirken	52,6%	41,3%
Privates gehört nicht in Betrieb	8,3%	14,7%
Keine Antwort	-	5,6%
	100,0%	100,0%

Zusammenfassende Interpretation

Sowohl in Niedersachsen als auch in Hessen überwiegt bei den Schülern und Schülerinnen die Meinung, bei der Lösung einer gestellten Aufgabe sollten die Ausbilder die Auszubildenden bei der Lösung mitwirken lassen. Die Aussage der Schüler liegt in der Bevorzugung des Lernens durch praktische Tätigkeiten. Man kann hier zusammenfassend sagen, dass die Schüler dann die Chance auf einen reibungslosen Übergang sehen, wenn methodisch ihnen entgegenkommende Vorgehensweisen vorgesehen werden.

Allerdings sehen die Schüler dann Probleme, wenn ihnen für die Übernahme einer Aufgabe – in eher selbständiger Verantwortung – keine genaue Demonstration des Arbeitsvorganges gegeben wurde. Drei Viertel aller Schüler – in beiden Schulregionen gleich – erwarten in der Ausbildung die Hilfe des Ausbilders durch Vormachen. Dann erst wollen sie selbst die Verantwortung für die Lösung einer Aufgabe übernehmen.

Für den Fall, dass schwierigere Aufgaben zu lösen sind, möchten die Schülerinnen und Schüler beider Schulregionen, bevor sie sich die selbständige und selbstverantwortete Lösung zutrauen, dass diese Aufgaben erst vom Ausbilder vorgemacht werden.

Da, wo wir uns verdeckt an diejenigen Schüler wenden, die sich als weniger leistungsstark einschätzen, wo sie also noch die Möglichkeit des Nachfragens einbringen könnten, reagieren die Jugendlichen beider Schulregionen wiederum gleich.

Für die Verstärkung des Lernprozesses wäre Lob für gelungene Arbeit wirksam, bei schlechterer Leistung muß der Ausbilder allerdings auch Tadel äußern. Hinweise auf Fehler werden in beiden Regionen – in begrenztem Maße – akzeptiert, aber bei den Wünschen oder Ängsten durch Lob oder Kritik belastet zu werden, werden in beiden Schulregionen unterschiedlich bewertet. In Schenklengsfeld akzeptieren die Schüler an ihren Leistungen deutlich weniger Kritik. Ist diese Sensibilität gegen Kritik ein Ergebnis der schulischen Sozialisation? In der Ausbildung könnte das Anpassungsschwierigkeiten bereiten, da dort Kritik mangelhafte Ausbildungsleistungen bedeutet und damit implizit fachlich geringe Leistungsfähigkeit.

Es fällt auch bei weiteren Nachfragen auf, dass die Schüler erwarten, dass sie gründlich, sorgfältig aber auch auf ihre Individualität bezogen in die Ausbildung eingeführt werden. Betriebliche Belange scheinen ihnen kein Argument für „schnelle“ Lernprozesse zu sein. In welcher menschlichen Haltung sie das Lernen und Belehrtwerden durch den Ausbilder sehen: Mehrheitlich ist für sie kameradschaftliches Verhalten gewünscht bzw. wünschenswert. Es darf vermutet werden, dass diese Vorstellung und der Wunsch für die Haltung des künftigen Ausbilders stark orientiert ist an den Erfahrungen mit den Lehrern der allgemein bildenden Schulen. Die Schüler lehnen allerdings eine intimere, familiäre Haltung der Ausbilder ab. Es könnte sein, dass die kameradschaftlich strukturierte Haltung des Ausbilders in den Betrieben konkurriert mit der Rolle des Ausbilders als Vorgesetzter. Darin könnten Konfliktpotentiale liegen, denn die Kameradschaftlichkeit, wie die Schüler sie möglicherweise bei ihren Lehrern kennen gelernt haben, ist bei der Lösung solcher praktischen Lernprozesse wohl nicht immer eine realistische Erwartung. Mehr als ein Drittel der Schülerinnen und Schüler in beiden Schulregionen wünscht, dass auch Privates im Betrieb während der Ausbildung thematisiert werden soll. Daraus gilt dann der Umkehrschluß, dass mehrheitlich Privates nicht in den Betrieb gehöre. Das heißt aber nicht, dass Privates ausgeschlossen werden sollte. Das läßt auf die Grundhaltung schließen, dass man von einer sachlichen, emotional stabilen Atmosphäre erfolgreichere Möglichkeiten von der Ausbildung erwartet.

Neben der Bereitschaft, sich durch Lern-/Arbeitsverhalten einzurichten, äußern die Schüler aber auch Ängste. Am meisten fürchten sie persönliche Probleme, z.B. dass sie als junge Mitglieder des Betriebes zu wenig Anerkennung erführen, was ihnen in der neuen Situation im Betrieb in ihrem besonderen Status möglich erscheint. Da der Kontakt in den Betrieben sich besonders am Anfang auf die Ausbilder focussiert, liegt hier auch wohl eine Angst, wie das Ausbilderverhalten sich ausprägen wird.

Der Vergleich der beiden Erhebungsorte Osnabrück und Schenklengsfeld, der ja ein – wenn auch nur kleiner – Schritt in Richtung auf Erhöhung des Generalisierungsgrades dieser Studie sein sollte, zeigt sogar auf recht verblüffende Weise, dass es eine allgemeine Haltung der Jugendlichen vor dem Übergang in die Berufsausbildung in den Schulen gibt. Unsere Daten lassen nur an wenigen Stellen möglicherweise gravierende Unterschiede erkennen, die sich auf verschiedene Vermittlungsweisen in den Schulen begründen lassen, die teilweise auch erklärbar sein könnten durch unterschiedliche Auffassungen darüber, wie die allgemein bildenden Schulen auf das Verhalten besonders im späteren Berufsleben eingehen.

Sowohl bei der Frage, ob erst eine Arbeit vorgemacht werden soll oder Erklärungen in schwierigen Fällen auch wiederholt werden sollen, aber auch, dass zur Festigung der Kenntnisse Aufgabenlösungen zweimal gewünscht werden, Rücksicht auf Anfänger dezidiert gewünscht wird, oder die Didaktikregel vom Einfachen zum Schweren bevorzugt wird: In all diesen Fragen zeigen die Schüler in den verglichenen Regionen der Länder Niedersachsen und Hessen nahezu identische Vorstellungen.

In der Frage allerdings, ob Ausbilder wie Lehrer sein sollten, zeigen die hessischen Schüler eine weitaus größere Zurückhaltung (29,3% geben keine Antwort) und auch bei der Frage nach gewünschter Anerkennung und erforderlicher Kritik durch die Ausbilder ist die Zurückhaltung der hessischen Schüler sehr groß (26,7% geben keine Antwort).

Eine Differenz gibt es bei der Frage nach der Privatheit, der privaten Atmosphäre in der Ausbildung, wobei die hessischen Schüler zurückhaltender sind, aber auch eher für eine berechtigte Distanz zwischen Ausbilder und Auszubildenden eintreten. Dazu gehört dann auch, dass Privates im Betrieb als nicht dazugehörig eingestuft wird.

Mit dem Ergebnis kann cum grano salis festgehalten werden, dass die Befragungen der Schülerinnen und Schüler in den Abgangsklassen der abgebenden Schulen, die vor einem Eintritt in die Berufsausbildung stehen, begrenzt verallgemeinerungsfähig sind.

Ergebnisse der Befragung der Auszubildenden

Erhebung unter den Berufsschülern des ersten Ausbildungsjahres in den Schulen BBS Brinkstraße, BBS Natruper Straße, BBS Pottgraben und BBS Schölerberg in Osnabrück

Nach Darstellung der Auswertungen der Befragung der Schüler der allgemein bildenden Schulen folgt anschließend mit diesem Kapitel der zweite Teil des Forschungsprojektes – die Darstellung der Ergebnisse, die wir bei der Befragung der Auszubildenden erhoben haben. Wir verweisen für die Entwicklung dieses Erhebungsteiles auf das entsprechende Eingangskapitel (s. S. 53, dort die Fragebögen und Reihenfolge).

Für die Datenermittlung haben wir 518 Fragebögen ausgewertet, die zu einer Befragung an Berufsschüler/Auszubildende im ersten Ausbildungsjahr ausgegeben wurden und nach Beantwortung in Klassenzimmerinterviews von der Schule gesammelt zurückgegeben wurden. Der Fragebogen[1] war in zwei Fraugengruppen unterteilt. Zuerst richteten wir uns an die Erinnerung der Schüler, wie sie z.B. den für sie bevorstehenden Übergang in Erinnerung hatten. Wir hielten diesen Ansatz bei Schülern, deren Vorstellungen von einem für sie sehr wichtigen Ereignis ihres Lebens erst wenige Zeit zurücklagen, für legitim, denn unser Befragungszeitpunkt lag nur einige Wochen[2] nach Beginn der Ausbildung. Im zweiten Teil des Fragebogens schlossen wir an die ersten „Erfahrungen" an, die die Schüler gegenüber den Vermutungen selbst machen konnten. Auch das halten wir für legitim. Zwar sind diese „Erfahrungen" nicht nachhaltig begründet, sie lassen sich jedoch in dieser Situation unmittelbar an den Erwartungen messen, die vor Eintritt in die Ausbildung bestanden, da wir annehmen, dass die Zeitunterschiede beide noch erinnert werden konnten.

Die Befragung erfolgte in den jeweiligen berufsbildenden Schulen während des Unterrichts. Die Rücklaufquote der Fragebogen lag bei nahezu 100% und umfaßt nach Absprache mit den Schulleitungen 17 verschiedene Ausbildungsberufe, die nach drei Kriterien differenziert ausgewertet wurden: Berufe mit niederen, mit mittleren und mit hohen Ansprüchen an die Berufsausbildung.[3] Die Befragung wurde von den jeweiligen Klassenlehrern durchgeführt, die Klassen

1 Der Fragebogen ist im Anhang (Nr. IX S. 160) abgedruckt

2 Eine ganz exakte Zeitbenennung ist deshalb nicht möglich, weil die Schüler nur an ihren Berufsschultagen befragt werden konnten. Wegen der relativ großen Zahl von Berufen, die erfaßt werden sollten, mußten deshalb Zeitunterschiede von bis zu vier Wochen eingeräumt werden.

3 Den Schulen waren vom Verfasser Einweisungen für die Erhebung mitgegeben.

waren als Einstiegsklassen erst einige Wochen in der Schule – zwei kaufmännisch-verwaltende, zwei gewerblich-technische. Die Schulen waren genau über die Ziele der Befragung informiert und die Lehrer in die Erhebungstechnik eingewiesen.

Die von den Auszubildenden zu den offen gestellten Fragen gegebenen Antworten wurden zu auswertbaren Kategorien zusammengefaßt:

> Kritische Äußerungen zu Schule und Agentur für Arbeit, die die Informationen betreffen.
> Mehr allgemeine Informationen zum Thema Berufsausbildung erwartet.

Wir wollten den Schülern am Anfang den Einstieg in die Befragung erleichtern und sie bitten, sich an die Schulzeit in der von ihnen besuchten allgemein bildenden Schule zu erinnern. Wir beabsichtigten damit, dass ihnen der ganze Prozeß wieder bewußt wird, in dem sie seinerzeit an einem bestimmten Punkt standen und heute an anderer Stelle noch stehen. Wir operationalisierten die Situation durch jeweils mehrere Items, die die Mehrdimensionalität der Situation transparent machen sollten.[1]

Weitere Darstellung zum methodischen Vorgehen

Die stellvertretenden Schulleiter der betroffenen Schulen wurden vor der Auswertung gebeten, die Ausbildungsberufe nach folgenden Kriterien zu gewichten:

> Ausbildungsberufe mit niedrigerem Anforderungsgrad
> Ausbildungsberufe mit mittlerem Ausbildungsschwierigkeitsgrad
> Ausbildungsberufe mit hohem Anspruch an die Berufsausbildung.

Rechtsanwalts - und Notarangestellte = mittlerer Schwierigkeitsgrad (niedrig bis mittel)
Steuerfachangestellte = mittlerer Schwierigkeitsgrad
Fachkraft für Lagerlogistik = niedriger Schwierigkeitsgrad
Verkäuferin – Fachkraft = niedriger Schwierigkeitsgrad
Kauffrau/-mann für Bürokommunikation = mittlerer Schwierigkeitsgrad
Maler/Lackierer = niedriger Schwierigkeitsgrad
Zahntechniker = hoher Schwierigkeitsgrad
Friseur = niedriger Schwierigkeitsgrad
Elektroniker für Maschinen und Anlagen = hoher Schwierigkeitsgrad
Mechatroniker = hoher Schwierigkeitsgrad

---

1 Der Fragebogen ist im Anhang VI S. 145 wiedergegeben

Koch/Köchin = niedriger Schwierigkeitsgrad
Hotelfachfrau/-mann = mittlerer Schwierigkeitsgrad
Fachkraft für Lebensmitteltechnik = niedriger Schwierigkeitsgrad
Industriekaufmann = hoher Schwierigkeitsgrad (mittel bis hoch)
Anlagenmechaniker = niedriger Schwierigkeitsgrad
Zerspanungsmechaniker = mittlerer Schwierigkeitsgrad
Sport- und Fitnesskaufmann = mittlerer Schwierigkeitsgrad

Uns ist bewußt, dass nicht alle Schülerinnen und Schüler eines Jahrganges – besonders wenige unter den Hauptschulabsolventen – einen Ausbildungsplatz erreichen. Es sind auch nicht diejenigen von uns erreichbar gewesen, die als Altbewerber in unserem Befragungszeitraum einen Abschluß für ein Ausbildungsverhältnis schaffen. Von diesen Auszubildenden sind wahrscheinlich einige in dem sample vertreten, das wir in den berufsbildenden Schulen befragt haben, deren Zahl wir aber nicht kennen. Da dieser Anteil in den letzten Jahren kontinuierlich gestiegen ist[1], gibt es in unserer Studie zwei Disparitäten:

> In den allgemein bildenden Schulen haben wir Antworten von Schülern, die keinen Ausbildungsplatz erhalten haben.
> Unter den befragten Berufsschülern sind Altbewerber, deren Anteil wir nicht kennen.

Da allgemein 13% bis 14% der Hauptschulabsolventen die schulischen Chancen nicht nutzen können, denn sie sind am Sekundarabschluß gescheitert und sind oft - selbst wenn sie einen Hauptschulabschluß haben - noch im Rahmen der Bewerbung im Einstellungsverfahren gescheitert, ist unsere Auswahl nicht vergleichbar mit den Entlaßschülern diesen Jahrgangs. D.h., wir haben auch diejenigen Schülerinnen und Schüler befragt, die zu diesem Zeitpunkt keine Chancen haben würden – und hatten – einen betrieblichen Ausbildungsplatz zu erhalten. Sie gehören zu den ca. 35% erfolgreichen Hauptschulabsolventen, deren Hoffnung auf einen Ausbildungsplatz nicht getrogen hatten.[2] Butz berichtet von lediglich etwa 50% der Ausbildungsplatzsuchenden eines Jahrganges, die auch eine Ausbildungsstelle finden.[3] Es bleiben Defizite, deren Beseitigung Nachfolgeuntersuchungen ausgleichen müssen.

---

1 vgl. Ulrich, Joachim Gerd, Zur Situation der Altbewerber in Deutschland, in: BIBB/Report 1/07

2 vgl. Beingardt, Martin, Hürdenlauf Richtung Arbeitswelt, in: Jung, Eberhard (Hg.) Zwischen Qualifikationswandel und Marktenge, Hohengehren 2008, S. 115-129

3 vgl. Butz, Bert, Von der Berufsorientierung zum Übergangsmanagement, in: Jung, a.a.O., S. 156-169, hier S. 156 – Butz bezieht sich hier auf Joachim Ulrich, Probleme bei der Bestimmung von Ausbildungsplatznachfrage und Ausbildungsangebot, in: BIBB (Hg.), Der

Ergebnisse im Einzelnen

Nach dem Geschlecht differenziert ergaben sich folgende Verteilungen: Schülerinnen = 277 = 53,5%; Schüler = 241 = 46,5% = 518 Gesamtzahl N der Gesamtstichprobe. Die Herkunft der Schüler aus verschiedenen Schulformen des allgemeinbildenden Schulsystems wurden zur Differenzierung – nach Rücksprache mit den Schulleitern – nicht weiter zur Auswertung herangezogen, denn eine exakte Feststellung war nicht möglich, eine Frage nach der vorher besuchten Schule lehnten die Schulleiter aus Datenschutzgründen ab.

Frage 3:[1]
Nun kommen wir zum Thema Berufswahl. In diesem Zusammenhang hatten Sie Überlegungen angestellt, bevor Sie Ihre alte Schule verließen. Welche Überlegungen – Hoffnungen oder auch Sorgen – hatten Sie damals? Vielleicht erinnern Sie sich noch? Bitte kreuzen Sie die Aussage an, die Ihrer damaligen Einstellung entspricht.

Tabelle 28[2]
Zukunftsvorstellungen vor dem Ausbildungsanfang

	Ja		Nein	
	N	%	N	%
Ich werde das nur schwer schaffen	56	10,8	462	89,2
Ich werde mich umstellen müssen	262	50,6	256	49,4
Vielleicht habe ich nicht genug gelernt	75	14,5	443	85,5
Der Ausbilder ist strenger als mein Lehrer	50	9,7	468	90,3
Nach einer Gewöhnung fürchte ich keine Probleme	221	42,7	297	57,3

Mit dem ersten Item gaben wir den Befragten eine Chance, sich in die Fragestellung einzulesen, deshalb fragten wir allgemein nach den vermuteten Schwierigkeiten vor dem Übergang in die Ausbildung. Mit dem zweiten Item sollte die Situation konkreter erfaßt werden. Waren den Schülern nach der allgemeinen Sicherheit bei konkreteren Problemen doch Eindrücke von Unsicherheit in Erinnerung? Das dritte Item sollte uns Gründe nennen, die die Schüler, falls sie Probleme sahen, als Ursache für empfundene Schwierigkeiten einschätzten. Das vierte Item konnte mögliche Abweisungen von Verantwortung für entstandene

---

Ausbildungsmarkt und seine Einflußfaktoren, Ergebnisse des Expertenworkshops 2004, Bonn

1 Die vorausgegangenen Fragen 1 und 2 betrafen die Sozialdaten, die oben genannt wurden, die aber für die Auswertung keine Relevanz besitzen

2 In diesen Tabellen ist die Quersumme = 528 Schüler = 100%

Probleme erwarten lassen. Mit dem letzten Item sollte die Haltung der Schüler festgehalten werden, ob sie gefestigt, selbstbewußt durch erste Erlebnisse in die Ausbildungszukunft blickten.

Allgemein vermuteten nur 56 = 10,8% der Schüler vor Beginn der Ausbildung noch in der allgemein bildenden Schule Schwierigkeiten, 89,2% also sahen keinen Grund für Sorgen.

Auf die Frage nach der Umstellung von der Schule auf den Betrieb gaben 262 Schüler, d.h. etwas mehr als die Hälfte an, sie hätten dies als Notwendigkeit gesehen, aber eben nicht als belastend oder bedrückend empfunden.

Nur 14,5% (75) aller Schülerinnen und Schüler sahen mögliche Anfangsprobleme nicht in eigener Verantwortung (nicht genügend gelernt). Das ist ein überraschend geringer Wert, heißt das doch, dass beim Auftauchen von Schwierigkeiten die Jugendlichen sich selbst exkulpieren. Sollten Probleme auftauchen, läge der Grund dafür nicht bei ihnen.

Aber dem künftigen Ausbilder wird vor dem Eintritt in die Ausbildung kaum Verantwortung für ein Scheitern zugeschrieben. „Der Ausbilder ist strenger als mein Lehrer“ - stimmten nur 50 = 9,7% zu. Der Ausbilder erscheint den Schülern in der Rückschau nicht als ein Grund, Schwierigkeiten in der Ausbildung zu bekommen, denn 257 Mädchen (49,6%) und nur 211 Jungen (40,7%) fanden nicht, dass der Ausbilder strenger als die Lehrer vorher sind. Das mag damit zusammenhängen, dass die männliche Dominanz bei den Ausbildern doch für die jungen Frauen zu einer weniger strengen Haltung der Ausbilder führt.

Hinter der Meinung, die Ausbilder seien strenger als die Lehrer der vorher besuchten allgemein bildenden Schulen verbirgt sich eine der besonderen Unsicherheiten, von denen die Jugendlichen meinen, in besonderer Weise belastet zu werden, ohne zu wissen, wie sie sich dazu verhalten können um es zu beeinflussen.

Eine mögliche Unsicherheit vor der Zukunft in der Berufsausbildung – so unsere Hypothese – sei begründbar gewesen aus der Unterrichtsrealität der seinerzeit besuchten Schule, von der es nicht nur Vermutungen gibt, dass sie weniger für das Leben vorbereitet als notwendig oder gewünscht. Wie sahen diese Frage die Schüler rückblickend?

42,7% = 221 Schülerinnen und Schüler vermuten, dass die Eingewöhnung reicht, um Probleme negieren zu können. Aber es sind 57,3% = 297 Schülerinnen und Schüler, die eine solche Eingewöhnung als zu kurz ansehen. Das ist mehr als die Hälfte, die über die Gewöhnung hinaus Schwierigkeiten nicht ausschließen. Das ist ein Indiz dafür, dass ein Potential an Ängsten nicht ganz unbeachtlich ist.

Insgesamt zeigt dieses erste Ergebnis, dass die männlichen und weiblichen Auszubildenden überwiegend dem Einstieg in die Berufsausbildung selbstbewußt gegenübertreten (werden es schon schaffen). Der Start in die Ausbildung wurde als psychisches Hindernis im Nachhinein von einer knappen Mehrheit (muß mich umstellen) als Belastung erwartet, aber nach einer Gewöhnung fürchtete weniger als die Hälfte keine Probleme.

Bis hierher haben wir die Rückerinnerung der Auszubildenden retrospektiv abgefragt, es folgt jetzt als zweiter Abschnitt dieses Fragebogens die Auswertung der Angaben zu den Erfahrungen, die in der Anfangsphase des betrieblichen Teils der Ausbildung von ihnen gemacht wurden. Diese Antworten werden im weiteren Verlauf der Auswertung den Erwartungen gegenüber gestellt, an die sich die Jugendlichen noch erinnern.

Wir beginnen mit der Frage vier des Fragebogens, mit der wir die Bewertung der allgemein bildenden Schulen durch die jetzigen Auszubildenden erfassen wollten. M. a. Worten, unter dem Eindruck der ersten Erfahrungen in der Ausbildung sollten die Auszubildenden ihre alte Schule bewerten.

Frage 4:
Wir können verstehen, daß Sie sich Sorgen gemacht haben. Sie waren ja noch nicht in einer Berufsausbildung und kannten Betriebe vielleicht nur aus Ferienjobs oder Praktika - oder auch gar nicht. Wünschen Sie aus heutiger Sicht, daß Sie besser hätten informiert sein müssen? Wie könnte eine bessere Vorbereitung aussehen? Sollten die Fächer mehr auf die Praxis ausgerichtet sein?

Tabelle 29
Brauchbarkeit des Gelernten

	Jungen		Mädchen	
	N	%	N	%
Was wir in den Schulfächern gelernt haben, konnten wir in der Ausbildung nicht gebrauchen	38	15,8	69	25,3
Wir konnten einiges davon gut gebrauchen	176	73,3	177	65,1
Wir konnten alles ganz gut gebrauchen	26	10,8	26	9,6
	240	99,9	272	100,0

Auf die Frage, was ihnen von der allgemein bildenden Schule mitgegeben wurde, um in der Berufsausbildung bestehen zu können, fanden zwar 107 = 20,7%, dass sie das, was ihnen die allgemein bildende Schule mitgegeben hatte, nicht gebrauchen konnten. Aber immerhin gab es zum zweiten und dritten Item – „einiges gut gebrauchen“ – „alles ganz gut gebrauchen“ positive Äußerungen.[1] 405 Auszubildende beider Geschlechter waren der Meinung, dass einiges gut bzw. sogar alles gut gewesen sei. Das sind immerhin 78,1% aller Schülerinnen und Schüler. Dass die Mädchen hier mit 25,3% negativen Äußerungen gegenüber den Jungen mit 15,8% negativen Äußerungen skeptischer über den Wert des allgemein bildenden Wissens aus vorangegangenen Schulen umgehen, ist sehr bemerkenswert. Die Ursache dafür läßt sich aus dieser Befragung allerdings nicht ableiten.

Anschließend hatten die Schülerinnen und Schüler in diesem Teil des Fragebogens die Gelegenheit, die allgemeinen Eindrücke und allgemeinen Erfahrungen über den Wert der allgemein bildenden Fächer zu konkretisieren. Auch hier wurden Probleme, wie z.B. bei der Beurteilung der Schulleistungen, nicht konkret von den Jugendlichen festgemacht, denn 49,6% gaben auf diese Frage keine Antwort. Die übrigen Antworten der offen gehaltenen Frage wurden im Nachhinein mit Kategorien versehen, wobei das

Praktikum,
Verhaltensregeln und Kombinationen von Verhaltensregeln
und fachliche Zuordnungen

entscheidend waren, in einem relativ schmalen Bereich, so dass im wesentlichen Eindrücke aus den Vermittlungen des Fachunterrichtes im Rückblick für die Schülerinnen und Schüler das größte Gewicht haben.

Nach dem Vergleich der Schulen hatten wir im weiteren Verlauf der Befragung den Berufsschülern und -schülerinnen weitere Gelegenheiten gegeben, ihre Eindrücke nach Aufnahme der Ausbildung in dem Betrieb wiederzugeben. Damit hatten wir die Möglichkeit, die Wiedergabe der Vermutungen vor Eintritt in die Lehrzeit mit den tatsächlich ersten Realitätserfahrungen in der inzwischen zurückgelegten Ausbildungszeit zu vergleichen. Unsere Chance, einen Trend der Eindrücke von dem bevorstehenden Ausbildungsbeginn bei den Schülern über die vermuteten Schwierigkeiten unmittelbar vor dem Ausbildungseinstieg bis zur Erfahrungssammlung nach den ersten Wochen in der Berufsausbildung zu messen, hatten wir damit erweitert.

1 Wir haben beide Antwortkategorien zusammengefaßt. Denn realistisch betrachtet, kann in keiner Ausbildung „alles“ gebraucht werden, das in der allgemein bildenden Schule gelehrt wurde.

Die Frage 6 wurde – worauf wir oben schon hingewiesen hatten - so formuliert, dass eine Gegenüberstellung der Items von Frage drei – retrospektive Wahrnehmung - mit den Items der Frage sechs möglich wurde. Die eingetroffenen oder nicht eingetroffenen Verhältnisse waren damit unmittelbar vergleichbar.[1]

Frage 6:
Wie war Ihr erster Eindruck zu Beginn Ihrer Ausbildung? Welche Vorstellungen/Sorgen, die Sie vor der Ausbildung hatten, sind eingetroffen?

Tabelle 30
Eindrücke zu Beginn der Ausbildung

	Ja		Nein	
	N	%	N	%
Es fiel mir am Anfang schwer	92	17,8	426	82,2
Ich mußte mich umstellen von der Schule auf den Betrieb	220	42,5	198	57,5
Ich glaube, ich hätte besser lernen sollen	49	9,5	469	90,5
Ich empfand die Ausbilder strenger als meine Lehrer	41	7,9	477	92,1
Nach einer Gewöhnung hatte ich keine Probleme	281	54,2	237	45,8

Tabelle 30a
Vergleichstabelle – nur „Ja"-Antworten[2]

	Vor Beginn der Ausbildung - Rückschau	tatsächlicher Eindruck
	%	%
Es fiel mir am Anfang schwer	10,8	17,8
Ich mußte mich umstellen von der Schule auf den Betrieb	50,6	42,5
Ich glaube, ich hätte besser lernen sollen	14,5	9,5
Ich empfand die Ausbilder strenger als meine Lehrer	9,7	7,9
Nach einer Gewöhnung hatte ich keine Probleme	42,7	54,2

1 Die Frage-Nummern sind dem Fragebogen entnommen, die Tabellen-Nummern sind der Reihenfolge in diesem Kapitel angepaßt, sie sind durchlaufend im ganzen Buch.

2 Es waren Mehrfachantworten zugelassen

Tabelle 31
Gegenüberstellung der
a) Zukunftsvorstellungen vor dem Ausbildungsanfang und der
b) Eindrücke zu Beginn der Ausbildung[1]

	Ja		Nein	
	N	%	N	%
a) Ich werde das nur schwer schaffen	56	10,8	462	89,2
b) Es fiel mir am Anfang schwer	*92*	*17,8*	*426*	*82,2*
a)Ich werde mich umstellen müssen	262	50,6	256	49,4
b) Ich mußte mich umstellen von der Schule auf den Betrieb	*220*	*42,5*	*198*	*57,5*
a)Vielleicht habe ich nicht genug gelernt	49	9,5	469	90,5
b) Ich glaube, ich hätte besser lernen sollen	*75*	*14,5*	*443*	*85,5*
a)Der Ausbilder ist strenger als mein Lehrer	41	7,9	477	92,1
b) Ich empfand die Ausbilder strenger als meine Lehrer	*50*	*9,7*	*468*	*90,3*
a)Nach einer Gewöhnung fürchte ich keine Probleme	281	54,2	237	45,8
b) Nach einer Gewöhnung hatte ich keine Probleme	*221*	*42,7*	*297*	*57,3*

Den Auszubildenden erscheint der Anfang schwerer als sie vor der Ausbildung vermutet hatten. Die Differenz ist aber nicht signifikant. Dass eine Umstellung weniger belastend erschien als viele vermutet hatten, ist eher als erhöhte Bereitschaft zur Anpassung zu sehen, von der man erwartet, sie werde gelingen. Die Sorgen, nicht genügend gelernt zu haben – nicht stark ausgeprägt – traten verstärkt auf, die Steigerungsrate beträgt über 50% (von 9,5% auf 14,5%) ist aber trotzdem nicht Besorgnis erregend. Strenge Ausbilder – auch kaum erwartet – gehörten nicht zur Realität der Anfangserfahrungen, wenngleich hier Steigerungen zu verzeichnen sind.

---

1 Zur besseren Lesbarkeit haben wir die Nennungen vor dem Ausbildungsbeginn normal und die Nennungen im Start der Ausbildung kursiv gesetzt

Die Einschätzung der Verhaltensweisen von Lehrern vs. Ausbildern zeigte keine geschlechtsspezifischen Unterschiede. Da die Ausbilder auch an ihre Bildungsarbeit als professionelle Vertreter eines pädagogischen Berufes herangehen – was das Ergebnis bestätigt – sehen auch die Jugendlichen im Start der Ausbildung gar keinen Grund, diese Situation als belastend zu empfinden. Die Mädchen sahen mit 12,0% gegenüber den Jungen = 5,8% die Einschätzung der Schwierigkeiten als gravierender an.

Im nächsten Item fragten wir danach, ob die Belastungen durch Gewöhnung, Routine oder auch Anpassung überwunden werden könnten. 220 = 42,7% mußten sich umstellen von der Schule auf den Betrieb[1], also knapp die Hälfte fand den Übergang nicht ohne Schwierigkeiten, Belastungen, die durch Gewöhnung - Anpassung – gemindert würden.

Aber 237 = 45,8% hatten doch Probleme, auch nach der Gewöhnung.[2] Lagen die bei den Ausbildern? Auf unsere Frage nach der Strenge der Ausbilder – im Vergleich zu den Lehrern vorher – lag hier nicht der Grund; 477 = 92,1% bescheinigen den Ausbildern keine besondere Strenge.
Deshalb mußte unsere Recherche weitergehen.

Wir hatten oben – Tabelle 29 – einen ersten Schritt zum Vergleich der Eindrücke, die die allgemein bildenden Schulen vor dem Hintergrund der Anforderungen in der Berufsausbildung hinterlassen hatten, nach der Brauchbarkeit der gelernten Inhalte in den Schulfächern getan. Insgesamt waren den vorher besuchten Schulen gute Leistungen attestiert, aber die erforderliche Umstellung von der Schule in die Berufsausbildung trifft die Hälfte der Schüler als Befürchtung. Auch die tatsächlichen Belastungen spüren noch knapp die Hälfte (42,5%) der Schüler und Schülerinnen. Die Ursachen dafür werden - stärker als vorher vermutet - in der eigenen inhaltlichen Vorbereitung gesehen, erscheinen dennoch nicht entscheidend für einen Ausbildungserfolg oder ein Scheitern. Sind es dann die nichtfachlichen Informationen zur Berufswahl, die die Schüler von den allgemein bildenden Schulen erhalten? Während Lederer seine Kritik an den Lehrern der allgemein bildenden Schulen mit zu positiver Darstellung begründete, scheinen bei jedem dritten Schüler in unserer Studie die betrieblichen Ausbildungsbedingungen nicht realitätsgerecht dargestellt zu werden.

Deshalb gingen wir bei der nächsten Frage – Frage 7 – auf dieses Thema ein. Hatten sich vorher den Schüler vorhandene Befürchtungen, die noch in der ehe-

1 Bei dieser Frage gab es keine Geschlechtsspezifik.
2 Dabei ist die Gewichtung der Probleme weniger stark eingestanden und die Gewöhnung als Lösungsmöglichkeit positiver eingeschätzt als Schüler mit größeren Ängsten sie haben. Der Grad der vorhandenen Schwierigkeiten sollte jedoch nicht zu gering geschätzt werden.

maligen Schule vorhanden waren, bestätigt? Waren diese Befürchtungen darauf zurückzuführen, dass die Verhältnisse, die auf die Jugendlichen zukamen, in der vorher besuchten Schule aber nicht vermittelt worden waren?

Frage 7:
Hatten sich Ihre Befürchtungen, die Sie vorher hatten, beim Eintritt in die Ausbildung nicht bestätigt? Eigentlich war alles ganz anders, als Sie es sich vorgestellt hatten. Sie hatten es in der Schule vorher aber nicht erfahren.

Tabelle 32

	N	%
Ja, das trifft zu	182	35,1
Nein, das trifft nicht zu	313	60,4
Keine Antwort	17	4,5
	512	100,0

Nach den bis hierher vorgelegten Ergebnissen wird der Beginn der Ausbildung von einer Mehrheit der Auszubildenden als belastend empfunden: Sie vermuteten weniger Anfangsprobleme als sie dann empfanden, und ihre Sicherheit, genügend gelernt zu haben, nahm – wenn auch auf niedrigem Niveau – ab. Die Ursachen werden nicht bei den Ausbildern gesehen. Die tatsächlichen Anfangsschwierigkeiten und die Zeit nach der Gewöhnung wurden schlechter beurteilt. Bei einem Drittel war auch die Ursache: nicht ausreichende Informationen. Weitere Differenzierungen der Daten – nach Geschlecht und Schwierigkeitsgrad des Lehrberufes – sollen Aufschluß darüber geben, ob es besondere Faktoren gibt, nach denen die Belastungen beurteilt werden müssen.

Differenzierung nach dem Geschlecht

Differenziert man diese Ergebnisse über die Qualität der Informiertheit, die die allgemein bildenden Schulen gegeben haben, nach dem Geschlecht, dann gewinnen wir folgendes Ergebnis:

Wir wiederholen noch einmal die Frage:

Frage 7:
Hatten sich Ihre Befürchtungen nicht bestätigt? Denn eigentlich war alles ganz anders, als ich es mir vorgestellt habe. Ich hatte es in der Schule vorher aber nicht erfahren.

Tabelle 33
Informationen über die Berufsbildung durch die Schule

	männlich		weiblich		insgesamt	
	N	%	N	%	N	%
Ja, das trifft zu	89	36,9	93	33,6	182	35,1
Nein, das trifft nicht zu	148	61,4	165	59,6	313	60,4
Keine Antwort	4	1,7	19	6,8	23	4,5
	241	100,0	277	100,0	518	100,0

Frage 8: Wenn Sie der Meinung sind, dass Ihre Kenntnisse über die Realitäten der betrieblichen Ausbildung nicht ausreichend waren, was meinen Sie, woran lag das?

Tabelle 34
Die Lehrer in den allgemein bildenden Schulen müßten mehr von der Ausbildung wissen, damit sie uns besser vorbereiten können

	männlich		weiblich		insgesamt	
	N	%	N	%	N	%
Trifft zu	151	62,3	161	58,1	312	60,2
Trifft nicht zu	161	25,1	75	27,1	134	25,9
Keine Antwort	31	13,0	41	14,8	72	13,9
	241	100,4	277	100,0	518	100,0

Bei der Kritik an den Lehrern gibt es keine gravierenden geschlechtsspezifischen Unterschiede. Bei beiden Geschlechtern überwiegt der Wunsch, zur Minimierung der Übergangsprobleme mehr Informationen von den Lehrern der allgemein bildenden zu erhalten. Dieser Wunsch ist nicht durch Betriebspraktika allein zu erfüllen.

Tabelle 35
Differenzierung der Informationsbeurteilung nach Geschlecht

Die Schüler hielten sich für informiert über	männlich		weiblich		insgesamt	
	N	%	N	%	N	%
die Betriebe betreffend	12	5,0	4	8,0	16	3,1
die Person betreffend - Fähigkeiten	12	5,0	20	3,9	32	6,2
die Person betreffend - formal	44	18,3	69	24,9	113	21,8
Belastungen betreffend allgemein	27	11,2	35	12,6	62	12,0
Die Schüler übten Kritik an						
Berufsberater, BA, BIZ, Lehrer usw.	26	10,8	19	6,9	45	8,7
Sie wünschten soviel Informationen wie möglich	11	4,6	9	3,2	20	3,9
Keine Antwort	109	45,2	121	43,6	230	44,4
	241	46,5	277	53,5	518	100,0

Die Defizite, die den Lehrern bescheinigt werden, unterscheiden sich nach geschlechtsspezifischen Merkmalen. Was die Schüler von der Schule gewünscht hätten, wissen sie überwiegend nicht zu sagen. Wenn ihre Aussagen konkret werden, betreffen sie stark Informationen über Personen.

Es sind noch immer Defizite bei den Lehrern vorhanden:„Im Hinblick auf die wissenschaftliche Lehre ist festzustellen, dass eine nach wie vor zu verzeichnende Arbeitsweltabstinenz der ... Lehrerbildung korrespondiert.“[1] Über betriebliche Realität haben die Schüler gerade deshalb zu wenig erfahren! Hier liegt eindeutig ein Defizit.

1 Schudy, Jörg (Hg.), Berufsorientierung in der Schule, Bad Heilbrunn 2002, S. 15

Bei allen Schülern vollzieht sich im emotionalen/psychischen Bereich der Übergang von der allgemein bildenden Schule in die Berufsausbildung sicherlich nicht reibungslos, wie dieses Ergebnis zeigt. Mehr als jeder dritte Schüler beklagt die Informationen der vorher besuchten Schule, sie habe nicht genügend über die kommenden Bedingungen in den Betrieben aufgeklärt. Allerdings darf man davon ausgehen, dass vor Kenntnis der wirklichen Situation in der Ausbildung die Belastungen, die die Schülerinnen und Schüler angesichts des Übergangs empfinden, relativ groß ist und auch ein weites Spektrum von diesen Befürchtungen abgedeckt wird. Denn immerhin spielen viele mögliche Faktoren bei solchen funktionalen Bedenken eine Rolle – so dass die positiven Ergebnisse, die sich auf die ersten Fragen ergaben, doch keinesfalls ausschließen dürfen, dass es notwendig ist, für die Zukunft in den allgemein bildenden Schulen in der Phase der Berufsorientierung den Übergang in die Berufsausbildung zu entdramatisieren. Ein wichtiger Schritt zur Lösung wäre – das kann man auch den Antworten der Schüler entnehmen – die Informationen der Lehrer der allgemein bildenden Schulen über die Realitäten der Ausbildungssituation zu verbessern, da ihre Kenntnisse über die Berufs- und Arbeitswelt nicht nur den Schülern lückenhaft erscheinen. 35,1 % (182) von ihnen fanden, dass es bei den Lehrern Wissensdefizite über die für die Schüler künftige Situation in der Berufsausbildung gibt. Unsere Absicht war, diese Defizite genauer bestimmen zu lassen.

Diese Defizite exakt zu identifizieren, übersteigt die Analysemöglichkeiten, Analysefähigkeiten vieler Schüler. 230 = 44,4% von ihnen hielten sich bei den Antworten auf die weitergehende Frage zurück, welche Informationen über die Verhältnisse in den Betrieben erforderlich gewesen wären, um den Übergang leichter vollziehen zu können. Aus den gegebenen Antworten auf die offen gestellte Frage haben wir die folgenden Kategorien bestimmt:

- den Betrieb betreffend;
- Personen betreffend und deren Fähigkeiten;
- formale Probleme die Person betreffend;
- allgemeine Belastungen;
- Kritik an Berufsberatern und anderen;
- und einfach soviel wie möglich informiert sein.

62 Schüler = 12,0% nannten allgemeine Belastungen. Bemerkenswert sind die Antworten von den Auszubildenden – 113 = 21,8% - die formale personenbezogene Aussagen betonten.

Fachliche Fragen und Informationen über organisatorische Zusammenhänge in den Betrieben stehen für die Jugendlichen für die Lösung ihrer Situation an erster Stelle, die die allgemein bildende Schule erfüllen muß. Das bedeutet nicht, dass die personenbezogenen Probleme bei den Lösungsversuchen, die Übergangssituation zu entspannen, vernachlässigt werden dürfen. Denn aus den Äußerungen in den Fragebögen kann man die Vermutung ableiten, dass diese formalen Personen betreffenden Kritiken sich auf den Umgang mit Ausbildern beziehen.

Betrachtet man die Auswirkungen, die das Geschlecht der Probanden auf die Ergebnisse hatte, zeigt sich bei den Mädchen, dass sie mit 12% gegenüber den Jungen mit 5,8% den Übergang als schwieriger empfunden haben.

Differenzierung nach Ansprüchen an die Qualität der Ausbildung in den klassifizierten Berufen

Wir haben - das wurde in der Einleitung zu dem Berufsschüler-Kapitel dargestellt – unsere Ergebnisse nach den Kriterien:

- hohe beruflich Anforderungen
- mittlere berufliche Anforderungen, und
- niedrige berufliche Anforderungen

weiter differenziert. Diese Differenzierung stellen wir anschließend als Teilergebnis unserer Studie vor.

Ausgewählt wurden auch hier wieder für diese Differenzierung die Fragen 3 und 6 des Berufsschüler-Fragebogens. Die Fragen an die Auszubildenden befaßten sich mit ihren Sorgen und den Hoffnungen, die sie vor Eintritt in die Ausbildung hatten. Wir korrelierten sie mit ihren Ausbildungsberufen, die wir in die drei oben genannten Kategorien unterteilt hatten.

Frage 3:
Nun kommen wir zum Thema Berufswahl. In diesem Zusammenhang hatten Sie Überlegungen angestellt, bevor Sie Ihre alte Schule verließen. Welche Überlegungen – Hoffnungen oder auch Sorgen – hatten Sie damals? Vielleicht erinnern Sie sich noch? Bitte kreuzen Sie die Aussage an, die Ihrer damaligen Einstellung entspricht:

Tabelle Nr. 36[1]
Einschätzung der Schwierigkeiten des Ausbildungsbeginns nach Lehrberufen

	Schwierigkeitsgrad %		
	niedrig	mittel	hoch
Ich werde es nur schwer schaffen	10,8	6,2	8,6
Ich werde mich umstellen müssen von der Schule auf den Betrieb	44,8	58,1	42,3
Vielleicht habe ich nicht genug gelernt	5,4	21,2	15,4
Der Ausbilder ist strenger als meine Lehrer	16,1	25,0	19,3
Nach einer Gewöhnung fürchte ich keine Probleme	40,9	37,6	34,8

1 Es waren Mehrfachantworten zugelassen

Zu unseren Fragen auf Ängste, die sich in der Zukunft der Ausbildung – zumindest zu deren Anfang – einstellen könnten, äußerten sich diejenigen Schülerinnen und Schüler häufiger, die sich für eine Ausbildung in den Berufen entschieden hatten, die einen mittleren Schwierigkeitsgrad haben. Sie fürchteten eher Umstellungsschwierigkeiten, fürchteten eher, nicht genügend gelernt zu haben, ebenso wie sie sich um strenge Ausbilder Sorgen machten. Von einer Gewöhnung erwarteten sie in geringerem Maße eine Entlastung. Unter den Schülern mit den Berufen aus dem niedrigen Anforderungsprofil fürchtete gut jeder Zweite (59,1%)[1], es werde nach einer Gewöhnung noch weiterhin Probleme geben. Bei den Auszubildenden mit mittlerer Anforderung fürchteten das 62,4% und bei denen mit hoher Ausbildungsanforderung 65,2%. D.h. diejenigen mit den anspruchsvolleren Berufen gingen weniger sicher in ihre Ausbildung, obwohl ihre Berufswahl eine bessere schulische Qualifizierung gefordert hatte - bessere Zensuren oder einen höherrangigen Schulabschluß.[2]

Schüler, die eine hohe berufliche Anforderung erreicht haben, sind sich durchaus bewußt, dass hier auch Erwartungen eingelöst werden müssen, obwohl ihnen mit ihrem Ausbildungsvertrag die Leistungsfähigkeit zugetraut wurde. Sie sind auch stärker als diejenigen mit niedrigen Anforderungen skeptisch, ob sie genügend gelernt haben in der allgemein bildenden Schule.

Nach dem Beginn der Ausbildung ändert sich das Bild. Im niedrigen Anforderungsprofil ist die Skepsis gewachsen, besonders bei der Frage, ob vorher genügend gelernt wurde (von 5,4% auf 15,4%), denn diese Berufe wurden offenbar auch von den Absolventen der allgemein bildenden Schulen mit dem geringeren Leistungsniveau der Schule gewählt. Ihnen war der Anfang auch schwerer gefallen (von 10,8% auf 21,1%). Dagegen bestätigte nur eine Minderheit von Schülern mit den hoch einzuschätzenden Berufen (von 8,6% auf 11,5%), dass sie Anfangsschwierigkeiten hatten. Ihre Umstellungsprobleme waren sogar gegenüber den Erwartungen vor dem Eintritt in die Ausbildung gestiegen (von 42,3% auf 52,9%). Und ihre Erwartungen auf eine günstige Wirkung der Gewöhnung sind ebenfalls gestiegen (von 34,8% auf 51,0%).

Im mittleren Anforderungsbereich ist festzustellen, dass der Anfang diesen Schülern schwerer fiel als von ihnen erwartet (von 6,2 auf 15,1%), dass sie dagegen weniger Umstellungsprobleme hatten (von 58,1% auf 30,0%). Die Sorge von Lerndefiziten ging ebenfalls zurück (von 21,2% auf 8,3%). Auch die Furcht vor den Ausbildern erwies sich als weitgehend unbegründet – sie sank von

1 Diese Werte wurden aus dem Umkehrschluß errechnet, der sich aus den Nennungen ergibt, mit denen keine Probleme mehr gefürchtet werden

2 vgl. Beicht, Ursula, u.a., Ausbildungschancen..., a.a.O.

25,0% auf 8,3%. Die Ausbilder, die unbekannten Wesen, werden also schon nach relativ kurzer Zeit von den Schülern besser eingeschätzt.

Aus dem Vergleich ergibt sich, dass
- die verschiedenen Anforderungsprofile der Berufe auch verschiedene Ergebnisse für die betroffenen Jugendlichen zeitigen
- in allen Anforderungsprofilen – besonders in den niedrigen Bereichen – die Hoffnungen auf einen problemlosen Anfang größer waren als die tatsächlichen Schwierigkeiten
- die Notwendigkeit zur Umstellung – außer beim mittleren Anforderungsprofil – in der Betriebsrealität größer wurde
- Lerndefizite in der Realität niedriger als befürchtet waren – außer im niedrigen Profil
- teilweise erhebliche Sorge vor dem Verhalten der Ausbilder in allen drei Bereichen auf ein Minimum schmolz
- die Erwartung einer positiven Gewöhnung in allen Profilen stieg.

Frage 6
Diese Frage beschäftigt sich mit dem Eindruck der Schüler nach Beginn der Ausbildung – also unter dem Einfluß der realen Situation. Auch hier differenzierten wir nach den Anforderungsprofilen der befragen Ausbildungsberufe.

Tabelle 37
Einschätzung der Auszubildenden zu Beginn der Ausbildung nach Schwierigkeitsgraden der Ausbildungsberufe

	Schwierigkeitsgrad %		
	niedrig	mittel	hoch
Es fiel mir am Anfang schwer	21,1	15,1	11,5
Ich mußte mich umstellen von der Schule auf den Betrieb	50,2	30,0	52,9
Ich glaube, ich hätte besser lernen sollen	15,4	8,3	7,7
Ich empfand die Ausbilder strenger als meine Lehrer	8,4	8,3	6,8
Nach einer Gewöhnung hatte ich keine Probleme	63,8	60,7	51,0

Allgemein muß man ein erhebliches Problem in der Umstellung von Schule auf den Betrieb erkennen. Dass der mittlere Schwierigkeitsgrad nur 30% dieser Schwierigkeiten aufweist, ist aus diesem Material nicht interpretierbar und dürfte eine Zufallsabweichung sein. Dieser Übergang ist also offensichtlich ein Anlaß zur Sorge und müßte zur Minderung der Belastung auch als pädagogisches Problem stärker beachtet werden.

Dass die Auszubildenden mit den Berufen der geringeren Schwierigkeitsgrade das Gefühl haben, sie hätten besser lernen sollen, die mit den höheren Schwierigkeitsgraden dagegen deutlich geringere Probleme haben, mag damit zusammenhängen, dass die Berufe mit dem niedrigen Schwierigkeitsgrad schon jetzt eine Negativauswahl aus den Entlaßschülern der Abschlußklassen der allgemein bildenden Schulen bedeuten. Ob hier argumentative Möglichkeiten bestehen, zum besseren Lernen zu führen, dürfte zumindest als Versuch geäußert werden.

Die Diskrepanz zwischen den Erwartungen und den tatsächlich eingetretenen Erfahrungen wird daran deutlich, dass die Erfahrungen kaum strengere Haltungen bei den Ausbildern im Vergleich mit den Lehrern erkennen lassen.

Wenn dennoch vor dem Übergang gegenüber den Ausbildern eine Unsicherheit hinsichtlich der Verhaltensweise diesen Personen gegenüber besteht und sich daraus auch z.T. Abwehrhaltungen entwickeln können, besteht ein hoher Nachholbedarf an Informationen und antizipationsfähigen Erfahrungen in den Schulen.

Die Hälfte der Auszubildenden signalisiert, dass sie nach Eingewöhnung keine Probleme haben. Es dürfte plausibel sein, dass die Eingewöhnungsprobleme mit dem Schwierigkeitsgrad der Berufe steigen.[1] Auch hier ist eine pädagogische Prophylaxe wünschenswert.

Hinsichtlich der Schwierigkeitsgrade zwischen den Berufen gab es bei den Schülerinnen und Schülern keine signifikanten geschlechtsspezifischen Unterschiede. Die Angst, den Anforderungen in der Ausbildung nicht gerecht werden zu können, besteht unabhängig vom Anspruchsniveau der Berufe. Dabei sind die Sorgen der Schülerinnen und Schüler bei der Gewichtung der Anforderungen im unteren Anforderungsprofil am größten. Das *Umstellungsproblem* sehen die Schülerinnen und Schüler bei den höheren Anforderungsprofilen als schwieriger an. Dies waren die Antworten auf unsere Frage, ob die Schüler bei der Umstellung von der Schule auf die Tätigkeit in einem Betrieb keine sich selbst bietende Lösung sehen. In diesen Antworten tauchten Ängste auf, die zwar diffus erscheinen, deshalb jedoch nicht unbedeutend für den Prozeß der Eingewöhnung und damit auch für den Erfolg sind.

---

1 Es bleibt hier ein offener Forschungsaspekt: Wie urteilen die Schüler am Ende der Ausbildung. Dieser Aspekt gehört jedoch nicht in die Thematik, die wir untersucht haben, denn uns ging es um die belastenden Fakten im Übergang von der allgemein bildenden Schule in die Berufsausbildung. Die Kenntnis dieser Fakten können Veränderungen in der schulischen Berufsorientierung unterstützen, die helfen, die Übergänge von den allgemein bildenden Schulen zu erleichtern und damit durch den Wegfall der Belastungen Ausbildungsabbruch zu verhindern und die Effizienz der beruflichen Bildung zu verbessern.

Die Auszubildenden in den höherrangig einzustufenden Berufen sind anders als die Schüler, die niedriger zu wertende Berufsanforderungen zu bestehen haben, nicht so sicher, ob ihre Lernanstrengungen in der Abgangsschule für den Erfolg in der Berufsausbildung ausreichend waren. Für diese Skepsis können die tatsächlichen Anforderungen in diesen Berufen verantwortlich sein, die die Schüler in der Konfrontation mit den Leistungsansprüchen erkennen mußten, es kann aber auch eine höhere Sensibilität für ihr tatsächlich früher von ihnen zu hoch bewertetes Leistungsvermögen der Grund für diese Aussage sein, aus der auch eine gestiegene Nüchternheit in der Ausbildung spricht. Daß dies bei den Auszubildenden in den höherrangigen Berufen zu finden ist, läßt auch auf einen höheren Grad von Reflexionsfähigkeit erkennen.

Zusammenfassung der Berufsschülerbefragung

Die von uns eingesetzten Fragebögen sollten zwei Zielperspektiven abdecken. In ihrem ersten Teil fragten wir diese noch jungen Auszubildenden, welche Vorstellungen sie ihrer Erinnerung nach vor dem Abschluß der vorher besuchten Schule von den Bedingungen der Berufsausbildung hatten. Im zweiten anschließenden Teil stellten wir z.T. dieselben Fragen noch einmal. Hier baten wir die Jugendlichen, ihre tatsächlichen Eindrücke unmittelbar nach Beginn der Ausbildung wiederzugeben. Sahen die Schülerinnen/Schüler zwischen den Erwartungen an den Ausbildungsbeginn vor Eintritt in die Ausbildung und den ersten Eindrücken in der Ausbildung Unterschiede, die – so unsere Vermutung – Aufschlüsse darüber zulassen, wie sie die Veränderungen empfinden und wie sie mit evtl. vorher nicht erwarteten Belastungen fertig werden könnten?

So wäre es denkbar, dass eine freudige Stimmung vor dem Übergang durch die Eindrücke der tatsächlichen Ausbildungsrealität enttäuscht würde – oder umgekehrt.

Frage 3 des Fragebogens für Berufsschüler: „Nun kommen wir zum Thema Berufswahl. In diesem Zusammenhang hatten Sie Überlegungen angestellt, bevor Sie Ihre alte Schule verließen. Welche Überlegungen – Hoffnungen oder auch Sorgen – hatten Sie damals? Vielleicht erinnern Sie sich noch? Bitte kreuzen Sie die Aussage an, die Ihrer damaligen Einstellung entspricht.“

In der Rückerinnerung antworteten die Schüler insgesamt auf die Frage, ob sie den Beginn der Ausbildung als für sie schwer erwarteten, 56 = 10,8% mit ja und 462 = 89,2% mit nein.

Auch wenn man den Beginn der Ausbildung nicht als belastend erwartete, schließt das Umstellungen nicht nur nicht aus, sie sind nahezu unvermeidbar. Deshalb fragten wir zu Beginn des zweiten Teils der Befragung: „Mußten Sie sich von der allgemein bildenden Schule auf die Verhältnisse in der Berufsausbildung umstellen?“

Etwas mehr als die Hälfte, 262 Schüler = 50,6%, sahen für sich die Notwendigkeit, sich zu Beginn der Berufsausbildung umzustellen. Das läßt eine relativ sichere Haltung den neuen Aufgaben gegenüber vermuten. Das erscheint plausibel, denn auf die Frage: „Hatten Sie den Eindruck, nicht genügend gelernt zu haben?“ hatten nur 14,5% (75) aller Schülerinnen und Schüler ihre Vorbereitung als nicht genügend eingeschätzt. Deshalb war es auch nicht überraschend, wenn nur 50 = 9,7% den Ausbilder als streng empfanden – strenger als die Lehrer vorher.

Hier war ein Unterschied zwischen den Geschlechtern erkennbar: 257 Mädchen, aber nur 211 Jungen fanden nicht, dass der Ausbilder strenger als die Lehrer der vorher besuchten Schule waren. Das mag damit zusammenhängen, dass die männliche Dominanz bei den Ausbildern doch für die jungen Frauen zu einer weniger strengen Haltung der Ausbilder führt.

Im weiteren Verlauf der Ausbildung beklagen die Jugendlichen kaum Probleme allerdings mit einer geschlechtsspezifischen Verschiebung. Die Mädchen äußern zu 34,6% = 179, es gäbe keine Probleme, während nur 118 der Jungen = 22,8% keine Schwierigkeiten nennen. Insgesamt haben die männlichen und weiblichen Auszubildenden den Einstieg in die Berufsausbildung weder allgemein noch in spezifischen Problemsituationen als schwierig empfunden. Der Start in die Ausbildung als psychisches Hindernis wurde im Nachhinein von den Auszubildenden als so gut wie nicht existent wahrgenommen. Eine Belastung aus diesem Grunde wäre von vornherein bei der Berufswahl unberechtigt. Allen potentiellen Auszubildenden – den heutigen Schülern – könnte man mit auf den Weg geben: Wer in der Ausbildung zurückblickt, sieht, dass Angst vor der Ausbildung unbegründet ist.

Dennoch wurde Kritik laut: Was ihnen von der allgemein bildenden Schule mitgegeben wurde, um in der Berufsausbildung bestehen zu können, reiche nach Aussage der 107 Schülerinnen und Schüler = 20,7% nicht aus. Es sei nicht zu gebrauchen gewesen. Aber immerhin waren 405 Auszubildende der Meinung, dass einiges gut bzw. sogar alles gut gewesen sei. Das sind immerhin 78,1% aller Schülerinnen und Schüler. Die Mädchen urteilen mit 13,3% negativen Äußerungen gegenüber den Jungen mit 7,3% negativen Äußerungen skeptischer über den Wert des allgemein bildenden Wissens aus den vorangegangenen Schulen. Die Ursache dafür läßt sich aus dieser Befragung allerdings nicht ableiten.

Eine Konkretisierung der Fragestellung nach allgemeinen Eindrücken und allgemeinen Erfahrungen zeigt, dass 49,6% auf diese Frage keine Antwort gaben.[1] Die Nennungen

Praktikum
Verhaltensregeln und Kombinationen von Verhaltensregeln und fachliche Zuordnungen

1 Die Frage war offen gestellt worden

kamen jeweils häufiger vor. Im wesentlichen stammten die Eindrücke aus den Vermittlungen des Fachunterrichts. Im Rückblick hatten diese für die Schülerinnen und Schüler das größte Gewicht.

Nach dem ersten Eindruck zu Beginn der Ausbildung fanden 92 = 17,8% den Anfang schwer, aber – wie oben dargestellt - hatten nur 10,8% befürchtet, dass der Anfang schwer sein könnte.

Die Mädchen lagen mit 12,0% gegenüber den Jungen = 5,8% mit der Einschätzung der Schwierigkeiten relativ höher. Gegenüber den Vermutungen der Anfangsschwierigkeiten war die tatsächlich wahrgenommene Belastung größer, die positiven Erwartungen waren z. T. enttäuscht worden. Das wird bestätigt durch den Vergleich mit den Erfordernissen einer Umstellung[1].

Unsere Frage, ob sich die Befürchtungen nicht bestätigt hätten, weil eigentlich alles ganz anders war als in der allgemein bildenden Schule vorgestellt[2], denn über die Schule waren entsprechende Kenntnisse nicht vermittelt worden, wurde von mehr als einem Drittel der Jugendlichen = 182 (35,1%) bejaht. Aber immerhin 313 = 60,4% waren von der Schule eher zu Kritik vorbereitet, was die Unsicherheit über den Übergang durch sachgerechte Darstellung gemindert hat. Das mag der Grund dafür sein, dass sich im emotionalen/psychischen Bereich der Übergang von der allgemein bildenden Schule in die Berufsausbildung nicht ganz reibungslos vollzieht. Allerdings darf man davon ausgehen, dass vor Kenntnis der wirklichen Situation in der Ausbildung die Belastung von Schülerinnen und Schülern ein Faktum ist und auch ein weites Spektrum von diesen Befürchtungen abgedeckt wird. Denn immerhin spielen viele mögliche Faktoren bei solchen funktionalen Bedenken eine Rolle – so dass die positiven Ergebnisse, die sich auf die ersten Fragen ergaben, doch keinesfalls ausschließen dürfen, dass es notwendig ist, für die Zukunft in den allgemein bildenden Schulen in der Phase der Berufsorientierung den Übergang in die Berufsausbildung zu entdramatisieren.

Vielleicht liegt ein Schlüssel zur Lösung dieser letzten Problematik darin, dass die Auszubildenden heute dadurch - aus den Realitäten ihrer Ausbildungssituation – den Eindruck gewinnen, dass die Lehrer der allgemein bildenden Schulen mehr über die zukünftige Ausbildungs- und Arbeitswelt wissen müßten. 60,2% (312) fanden, dass es bei den Lehrern Wissensdefizite über die künftige Situation in der Berufsausbildung gibt. Aber 230 = 44,4% unserer Probanden gaben

---

1 S. oben S. 89

2 Diese Fragestellung war auch Thema des Aufsatzes von Petra Korte u.a. in „berufsbildung" 84/2003

auf diese Frage keine Antwort. Wir schließen daraus, dass die Analysemöglichkeiten, die Analysefähigkeiten dieser Schüler überfordert waren. Das bedeutet aber nicht, dass die kritischen Urteile unbegründet sind und nicht beachtet werden müßten. Nach den Kategorien „den Betrieb betreffend"; „Personen betreffend und deren Fähigkeiten"; „formale Probleme die Person betreffend"; „allgemeine Belastungen"; „Kritik an Berufsberatern und anderen" und „einfach soviel wie möglich informiert sein" nannten 62 = 12,0% allgemeine Belastungen, 113 = 21,8% formale personenbezogene Aussagen.

Fachliche Fragen und Informationen über organisatorische Zusammenhänge in den Betrieben stehen für die Jugendlichen zur Lösung ihrer Situation an erster Stelle. Das bedeutet nicht, dass die personenbezogenen Probleme bei den Lösungsversuchen, die Übergangssituation zu entspannen, vernachlässigt werden dürfen. Denn aus den Äußerungen in den Fragebögen kann man die Vermutung ableiten, dass diese formalen, Personen betreffenden Kritiken den Umgang mit Ausbildern betreffen.

Ein Teil unserer Erhebung, der die möglichen Schwierigkeiten der Jugendlichen beim Übergang betrifft, wird in einer Studie bestätigt, die nach Abschluß des Manuskriptes bekannt wurde.[1] Wir haben sie in die Zusammenfassung der Gesamtergebnisse an- und eingefügt, um ihren Charakter als anschließende Studie erhalten zu können.

1 vgl. Deuer, Ernst, Studien- und Berufswahl aus der Perspektive der Jugendlichen, in: Wirtschaft und Erziehung, 2/2007, S. 400 f.

Berufliche Schulen des Landkreises Hersfeld-Rotenburg/ Hessen - Ergebnis der zweiten Berufsschüler-Befragung

Aus methodischen und organisatorischen Gründen haben wir die Darstellung der Ergebnisse der Befragung hessischer Berufsschüler zunächst unabhängig von der Auswertung der Ergebnisse der niedersächsischen Auszubildenden durchgeführt. Dennoch halten wir die vorgelegten ergänzenden Ergebnisse, die wir auch in einer Übersicht darstellen, für einen Vergleich beachtenswert.

Die Schule mit Schulstandorten in Bad Hersfeld und Philippsthal-Heimboldshausen hat eine Gesamtschülerzahl von 1.800 Schülerinnen und Schülern, davon 1.100 Auszubildende in der Teilzeitberufsschule und 700 in mehreren beruflichen Vollzeitschulen. Schulträger ist der Landkreis Hersfeld-Rotenburg.

Die Geschlechterverteilung für die Befragung in der hessischen berufsbildenden Schule ergab einen Anteil von 123 männlichen (54,9%) und 101 weiblichen (45,1%) Auszubildenden = 224 Schülerinnen und Schüler insgesamt. Sie verteilen sich aufgrund des vorangegangenen Schulbesuchs (des Abschlusses der allgemein bildenden Schule) auf die Schulen wie folgt:

Hauptschule: 50 = 22.3%
Realschule: 106 = 47,3%
Gesamtschule: 45 = 20,1%
Gymnasium: 11 = 4,9%.

Die Antworten auf die erste Frage, die darauf zielte, die Meinung/Haltung der Schüler/-innen in ihrer Herkunftsschule zu erfassen, ergab bei 11,2% (25) Nichtantworten nur 3,6% (8), die vermuteten, vor einer schwer lösbaren Aufgabe zu stehen. Dass der Übergang in die Berufsausbildung eine Umstellung erforderte, war 69 (30,8%) bewußt, aber nur 6 (2,7%) fühlten sich schlecht gerüstet, weil sie vielleicht nicht genügend gelernt hatten. Die Strenge des Ausbilders, die eine strengere Haltung als die Lehrer der abgebenden Schulen hätten, befürchteten nur 4 (1,8%), dagegen sah genau die Hälfte, 112 (50,0%) nach einer Gewöhnungsphase keine Probleme auf sich zukommen.

In der Erinnerung scheint diesen Schülern/Schülerinnen, dass für sie der Übergang von der allgemein bildenden Schule in die berufliche Ausbildung durchaus aufgrund ihrer Vorbereitung zu bewältigen sein würde, eigene Versäumnisse durch nicht ausreichendes Lernen wurden so gut wie gar nicht gesehen, aber auch objektive Leistungsprobleme sah nur eine kleine Minderheit. Wenn man die Kategorie „umstellen müssen" auch als Aussage darüber sieht, dass nach diesem Umstellungsprozeß mit Problemen nicht mehr gerechnet wird, dann sind es knapp 81% der Schüler/-innen, die rückwirkend keinen Anlaß zu Unsicherheiten oder Schwierigkeiten sahen.

Eine geringe Dimension Kritik bleibt dennoch gegenüber den abgebenden Schulen, denn ca. jeder vierte Schüler in Hersfeld/Philippsthal attestiert den vorher besuchten Schulen, dass die von ihnen mitgegebenen Inhalte für die Ausbildung nicht brauchbar seien. Nur 21 (9,4%) finden das Angebot der allgemein bildenden Schulen so gut, dass sie es als gut brauchbar einstufen. Aber das Urteil „Einiges ist gut zu gebrauchen" kann als durchaus positiv bewertet werden, da die allgemein bildenden Schulen weder beabsichtigen noch realisieren können, auf spezifische berufsbildende Qualifikationen gezielt vorzubereiten. Immerhin nennt jeder fünfte Schüler/Schülerin in mehreren Fächern, dass deren Inhalte für die Berufsausbildung gut gebraucht werden könnten, 13,4% nennen ein Fach, das ihnen Inhalte vermittelt hat, die auch für die Berufsausbildung wichtig seien.

Nach den Fragen über die Vermutung der Übergangsschwierigkeiten, die sich noch in der allgemein bildenden Schule auftaten, wurde dann nach den Eindrükken gefragt, die jetzt nach dem Start in die Ausbildung tatsächlich auf sie zugekommen sind.

Diejenigen, die Umstellungsschwierigkeiten vermuteten, erlebten dann auch wohl tatsächlich Umstellungsschwierigkeiten (54 = 24,1%). Individuelle Gründe dafür (2,2%) wurden kaum gesehen. Damit wird das Gewicht der eigenen Leistungen in den allgemein bildenden Schulen als ausreichend eingeschätzt. Auch die Schwere des Anfangs tauchte nur bei 4,9 % der Auszubildenden auf. (17,9% gaben keine Antwort). Immerhin mehr als die Hälfte der Jugendlichen in Bad Hersfeld/Philippsthal (54,0% = 121), hatten nach einer Gewöhnungsphase für sich keine Probleme gesehen. Das entspricht auch fast genau den Erwartungen, die diese Schüler/-innen noch in der allgemein bildenden Schule vor dem Übergang in die Berufsausbildung hatten.

Die Befürchtungen, Schwierigkeiten zu bekommen, waren nur in geringem Maße eingetreten. Zwei Drittel der Auszubildenden (63,4%=142) sagten, dass eher günstige bzw. zutreffende Information über die Realität der Berufswelt gegeben worden seien. Allerdings sind es immer noch ein Drittel (33,0%=74), die sich über den Einstieg in die Berufsausbildung nicht genügend informiert fühlten. Obwohl überwiegend die Schüler/Schülerinnen wenig Probleme vermuteten oder auch tatsächlich weniger Probleme bestätigten, sagten mehr als die Hälfte (54,0%=121), dass ihre Lehrer aus den allgemein bildenden Schulen mehr über die Berufsrealität hätten wissen müssen – ihnen bessere Auskünfte über die Berufsrealität hätten geben können. Lediglich ein Drittel (33,9=76) sahen sich durch ihre Lehrer der abgebenden Schulen gut bis ausreichend informiert.

Konkret nach den besonderen Defiziten befragt, übten 55,4%=124 Antwortzurückhaltung. Das ist mehr als die Hälfte, die sich zu dieser Frage ein Urteil nicht zutrauten. Von den Antwortenden wurden überwiegend „Personen betreffende Fragen" und „allgemeine Belastungen" des Betriebsalltags angegeben. Jeder fünfte Schüler war offenbar trotz der generell positiven Einschätzung des Anfanges mit den neuen sozialen Beziehungen im Betrieb – Hierarchien, Teamarbeit u.ä. – auf eine Weise konfrontiert, die sie als belastend empfanden.

Auch hier ist eine Haltung, die als personale Problematik zu verstehen ist, auf die Ausbilder gerichtet. Denn zu ihnen haben die Auszubildenden die häufigsten und engsten Kontakte. Und dieser Kontakt ist auch besonders relevant für den Ausbildungserfolg.

Geschlechtsspezifische Differenzierungen

In der Ausgangssituation geäußerte/vermutete Schwierigkeiten waren einige Antworten geschlechtsspezifisch signifikant: Knapp 30% der jungen Männer (67) aber nur 20,1% der jungen Frauen (45) sahen keine Probleme. Geschlechtsspezifische Unterschiede traten auf bei der Frage der Brauchbarkeit schulischer Inhalte, die in verschiedenen Fächern genannt wurden. Während 36,2% (81) der Jungen einige Inhalte als brauchbar für die Berufsausbildung einschätzten, sahen das nur 28,6% (64) der Mädchen. Wie weit das mit berufsspezifischen Inhalten, z.B. in den Naturwissenschaften zusammenhängt, da die Mädchen naturwissenschaftliche Fächer weniger attraktiv in den Schulen finden, läßt sich aus diesen Daten lediglich vermuten.

Wie oben in der Interpretation auch schon unterschieden, hatten wir nach den Übergangsvermutungen nun auch die tatsächlichen Eindrücke nach dem Übergang der Schule in die Ausbildung erfragt. Eine Geschlechtsspezifik fanden wir nicht. Eine kleine Differenz ergibt sich bei der Einschätzung, persönlich habe es keine Probleme gegeben. Die Mädchen sind hinsichtlich dieser Einschätzung etwas zurückhaltender (23,2% vs. 30,8%). Bei der Forderung nach dem besseren Wissen der Lehrer über die Anforderungen der Berufs- und Arbeitswelt gibt es einen deutlichen geschlechtsspezifischen Unterschied: Während die Jungen über 60% eine bessere Information der Lehrer in dieser Hinsicht erwartet hatten bzw. aufgrund der jetzigen Kenntnisse gewünscht hätten, waren es ca. 40% der Mädchen, die eine solche Kritik formulierten. Allerdings nannten die Jungen kaum konkrete Kritik, während die Mädchen personenbetreffende Informationen vermißten.

Vergleich der berufsbildenden Schulen Osnabrück - Hessen

Tabelle 38[1]

	Osnabrücker Befragung		Hessische Befragung	
	Vorher %	Nachher %	Vorher %	Nachher %
Ich fürchtete, es nur schwer zu schaffen	10,8	17,8	3,6	4,9
Ich müßte mich umstellen	50,6	42,5	30,8	24,1
Ich habe nicht genügend gelernt, fürchte ich	14,5	9,5	2,7	2,2
Die Ausbilder könnten strenger sein als die Lehrer	9,7	7,9	1,8	1,8
Nach einer Eingewöhnung hatte ich keine Schwierigkeiten	42,7	54,2	50,0	54,0
Die Lehrer haben Defizite bei ihren Kenntnissen über die Wirtschaft		60,2		54,6
Insgesamt gesehen fürchte ich keine Probleme	89,2	82,2		80,4
Die in der Schule gelernten Inhalte sind nicht brauchbar		20,7		23,2
Einiges/alles ist brauchbar		78,1		67,4
Bei konkreter Nachfrage, welche Fächer defizitär sind:				
Keine Antworten		49,6		55,4
In der abgehenden Schule nicht erfahren, wie die Realität aussieht		35,1		33,0

Die Gegenüberstellung der Befragung an Osnabrücker Schulen mit der Befragung in Hessen ergibt ein gestuftes Ergebnis:

> Die Entwicklung in beiden Regionen zwischen der Einschätzung der Jugendlichen vor Antritt in die Ausbildung mit den tatsächlichen Erfahrungen im Anfang der Ausbildung selbst, und
> den Vergleich zwischen der Osnabrücker Befragung und der hessischen Befragung.

1 Die Formulierung der Frage wurde für diese Tabelle nach den Erwartungen aufgenommen, für die Ergebnisse „nachher“ waren die Formulierungen nach den Erfahrungen gewählt, z.B. „Ich hatte es am Anfang schwer“. Diese Form wurde aus drucktechnischen Gründen gewählt.

Da der Anteil derjenigen, die keine Antwort gegeben haben, in Hessen größer ist und auch das jeweilige N in den Regionen sehr verschieden groß ist, kann die Interpretation nur als angenähertes Ergebnis vorgestellt werden.

Einiges fällt dennoch auf: Die Antworten zwischen den geglaubten oder vermuteten Eindrücken und Erlebnissen und den tatsächlichen liegen bei mehreren Fragen auseinander. Dabei stieg die Furcht, dass der Einstieg nicht leicht werde („nur schwer zu schaffen"), besonders in der Region Osnabrück. Aber sowohl bei der Frage nach einer erforderlichen Umstellung als auch nach dem ausreichenden Lernergebnis in der allgemein bildenden Schule und der Furcht vor den Ausbildern („strenger als die Lehrer") sinken die Werte zwischen „vorher" und „nachher" in beiden Regionen. Auch die Zuversicht, dass eine Eingewöhnung einen Teil der Schwierigkeiten lösen würde, war in beiden Regionen nachweisbar.

Einen anderen Akzent ergibt die Auswertung der beiden Regionen untereinander:[1]

> Der Druck zur Umstellung wurde in Hessen weit weniger nach den ersten Ausbildungserfahrungen empfunden als in der niedersächsischen Region.
> Die Erwartung des positiven Eingewöhnungseffektes lag in beiden Regionen gleich und
> Die Kritik an den Lehrern der allgemein bildenden Schulen, zu große Defizite bei Kenntnissen über die Wirtschaft zu haben, war hoch und annähernd gleich gewichtet in beiden Regionen.
> Die ersten Erfahrungen waren in beiden Regionen gleich, wenn es darum ging, die Brauchbarkeit des gelernten Wissens zu beurteilen – ein Viertel bis ein Fünftel aller Schüler vermißt den Wert des fachlich Gelernten aus der Schule. Das heißt aber, dass die Schüler doch überwiegend (zwischen 78% und 67%) überzeugt sind, dass Einiges von dem Gelernten – in wenigen Fällen auch alles – für die Berufsausbildung brauchbar ist.

Wenn es um die Frage nach konkreten Fächern ging, stellte sich heraus, dass die Jugendlichen sich zu Beginn der Ausbildung nicht in der Lage fühlen, ihre Urteile genau zu belegen.

Weniger kritisch als bei der Frage nach den Kenntnissen der Haupt- und Realschullehrer über die Wirtschaft urteilen die Schüler – in beiden Regionen gleich

1 Die Befragung in Hessen erfolgte wenige Wochen zeitversetzt, die Jugendlichen konnten ihre Antworten auf mehr Eigenerfahrung gründen. Dagegen war der Abstand zwischen Berufsfindung und Befragung größer und die Erinnerung evtl. schwächer als in der Region Osnabrück. Es ist sehr wahrscheinlich, dass hier ein relevanter Meßfehler vorliegt.

stark – wenn es darum geht, wieviel die Schule bei der Vermittlung der betrieblichen Realität in der Dualen Ausbildung erreicht hat. Allerdings findet auch hier ein gutes Drittel aller Schüler Defizite. Wenn sie beseitigt würden – so darf man hoffen – wäre ein Teil der geäußerten Sorgen und Ängste besser abbaubar gewesen.

Ein Vergleich mit der hessischen Berufsschule zeigt generell zweierlei: Die Größe der vermuteten Sorge vor dem Eintritt in eine Ausbildung erscheint dem Trend nach gleichbleibend, im Einzelnen jedoch abhängig von der konkreten Situation der Schule. Dort, wo die Schüler die Bewältigung auftretender Probleme im Zusammenhang mit eigenen Anstrengungen sehen (z.B. erforderliche Eingewöhnung, Anstrengung bei der Umstellung) sind sie zuversichtlich, es zu schaffen. Erstaunlich deutlich ist hingegen die Kritik an der abgebenden Schule, die gerade für die Übergangsprobleme den Schülern – nach deren Meinung – nicht genügend Hilfe gegeben habe. In bezug auf die fachlichen Inhalte erscheint die Kritik auch begründet, wenn ca. ein Viertel davon als nicht brauchbar für die Berufsausbildung eingeschätzt wird. Eine Verbesserung dieses Wertes ist aber durchaus möglich und erscheint wünschenswert. Wenn jedoch den Lehrern Defizite in bezug auf die Berufs- und Arbeitswelt im Umfang von 54% bis 60% angelastet werden, was offenbar nicht an einzelnem Versagen von Lehrern liegt, vielmehr eine Frage der beruflichen Verantwortungsbereitschaft – hier in den Abschlußklassen – betrifft, dann ist das ein Grund zur Sorge. Denn immerhin entlassen diese Lehrer den größten Teil ihrer Absolventen in eben diese Arbeitswelt. Aus dieser Kritik ist es plausibel, wenn 33% der Schüler in Hessen (in Osnabrück 35%) nach eigener Aussage nicht genügend über die Realitäten erfahren haben, die auf sie als Auszubildende zukommen.

Zusammenfassung

Wir hatten – darauf haben wir im Eingang zu unserer Darstellung ausführlich hingewiesen – in Spelle eine Vorstudie durchführen können – mit einem anderen Fragebogen mit anderer Befragungsmethode und mit anderen Schülern. In dieser Zusammenfassung soll als erstes knapp deren Ergebnis resümiert werden, damit die Interpretation der Hauptdaten vor diesen Ausgangsdaten eine weitere – wenn auch marginale – Bestätigung erfährt.

In den Sorgen der jungen Menschen ist der Aspekt bemerkenswert, dass die Ausbildung von einer positiven Atmosphäre beherrscht sein soll (64%). Das bedeutet nicht „Spaß an der Arbeit", denn diesen wünschen sich für die Ausbildung nur 21,4%. Hier klingt – trotz des zur Schau getragenen Selbstbewußtseins - Sorge auf. Implizit wird durch diese Forderung ein mögliches Scheitern auf auftretende Schwierigkeiten abgewälzt.

Dem entspricht auch die Forderung an die Ausbilder für den Erfolg der Ausbildung. 34% fürchteten um die Kernforderung der Ausbildung, den gewünschten Beruf wirklich mit Hilfe der Ausbilder zu erlernen. Dieser größeren Unsicherheit stehen 70,4% der Jugendlichen gegenüber, die die Lernmöglichkeit von beiden Personen – von sich und den Ausbildern - erwarten, sich aber nicht aus der Verantwortung stehlen.

Nach diesem Rückblick auf die Ergebnisse der Befragung in Spelle, die als Hinführung zu unserer Befragung gelten sollte, fassen wir jetzt die zentralen Ergebnisse unserer Studie zusammen.

Während der Phase der Berufswahl in der allgemein bildenden Schule gibt es für die Schülerinnen und Schüler wenige, begrenzte Unsicherheiten hinsichtlich der Frage, was die Zukunft wohl bringen werde. Würde es gelingen, den Schülerinnen und Schülern die Berufsausbildung in berufsbildender Schule und Betrieb als Fortsetzung ihrer Bildung hin zu einer qualifizierten – auf einen Lehrberuf basierende - Tätigkeit darzustellen, dann – so vermuten wir – könnte das den „Übergang" als solchen kaum belastend erscheinen lassen. Aber 20,7% der Schüler meinen, sie könnten das in der allgemein bildenden Schule Gelernte nicht gebrauchen. Allein dieses Defizitempfinden bei jedem fünften Schüler läßt den Eindruck einer Kontinuität nicht realistisch erscheinen[1], aber bei einer

1 Im strengen Sinne handelt es sich jedoch nicht unbedingt um ein Defizitempfinden, denn die Schüler könnten angebotene Inhalte in den Fächern auch als überflüssig für ihre Ausbildung beurteilen.

vermutbaren rollengegebenen Distanz der Schüler zur Schule ist das keineswegs dramatisch. 78,1% der Schüler – teilweise mit Einschränkungen – sehen die Bemühungen ihrer bisherigen Lehrer durchaus positiv. Die Schüler vermissen allgemein keinen Lehrstoff und keine Lehr-/Lernbemühungen. Sie nennen aber einige Fächer, die untergewichtet seien. Sie geben aber auch Hinweise auf formale und Personen betreffende Informationen und daraus resultierende Belastungen.

Nach vollzogener Berufswahl, einer Phase im Leben junger Menschen, die von Unsicherheit geprägt war und in der die Betroffenen versuchten, verläßliche Hilfen bei Eltern, durch den Besuch von Betriebspraktika, im BIZ – bei Berufsberatern und vielleicht auch den Lehrern - zu finden, erscheint mit dem Übergang aus der Schule in eine berufspraktische Ausbildung für die Jugendlichen ein weiteres Problem.

Die entstehende neue Unsicherheit ist anders strukturiert als die Unsicherheit, die in der Phase der Berufswahl empfunden wurde. Informationen haben hier nur einen geringen Wert, diese Probleme zu mildern. Mack, Raab und Rademacker fanden heraus, dass hohe Arbeitsorientierung vor dem Übergang und Unsicherheit nach Verlassen der Schule vorkommen, beide in zeitlicher Abfolge auftreten.[1] In einer Reihe von Publikationen wird auf diese Unsicherheit aufmerksam gemacht – sowohl hinsichtlich der Analyse der Situation als auch bei der Formulierung von Lösungen. Als Beispiel für diese Unsicherheit mag dienen, dass von einigen Experten die Hoffnung auf die Erfahrungssammlung in Betriebspraktika gesetzt wird, wogegen von anderen gerade Praktika eher Verunsicherung - Desinformation - zugeschrieben werden (Lamszus). Die Praktika verschleierten Probleme, die dann in der Ausbildungsrealität verstärkt auftreten.[2]

Zur Überwindung der Konflikte schlägt Fürstenberg vor, auf Einstellungs- und Haltungsänderungen abzustellen im Sinne einer Anpassung an die gegebenen Verhältnisse. Diese Versuche zur Lösung der Normenkonflikte sieht Lamszus kritisch. Sie erwecken seiner Ansicht nach den Anschein, die Probleme kompensierten sich größtenteils von selbst.[3] Auch die Lösungsvorschläge, die Gerlinde Seidenspinner zu den Übergangsschwierigkeiten vorgelegt hat, erscheinen Lamszus als „harmonistisch-funktionalistisch“ und ergäben wenig Anlaß zur pädagogischen Hilfestellung,[4] denn diese Problemlösungsstrategien seien pessimistisch, weil sie nur individualistisch orientiert seien. Lamszus erkennt bei

---

1 S. auch Seite 23

2 Hier wird noch einmal auf Gerda Jasper hingewiesen, die die Bedingungen für gelungene Betriebspraktika nachweist (s.S. 32)

3 Vgl. Lamszus, Hellmut, Konflikte Jugendlicher…, a.a.O., S. 178

4 vgl. ebenda, S. 181

Seidenspinner einen Kompensationsansatz, den er als Lösungsansatz für wenig geeignet hält und in seinen praktischen Konsequenzen folgenlos bleiben müßte.

Die größte Unbekannte für die jungen Menschen ist die Haltung der Ausbilder: - weder ihre exakte Funktionsbeschreibung noch ihre Aufgaben im Betrieb, ihre Möglichkeiten und Grenzen, ihre persönliche Vorstellung von der Erreichbarkeit einer erfolgreichen Ausbildung sind bekannt. Im Gegenteil: Die Auseinandersetzung mit den Ausbildern vollzieht sich im Prozeß der sekundären Sozialisation. Diese setzt – definitionsgemäß – die Primärsozialisation voraus.[1] Sie muß sich dann „mit einem schon geprägten Selbst und einer schon internalisierten Welt auseinander setzen. Da die Primärsozialisation die Tendenz hat haften zu bleiben, entsteht hier ein Problem. Was die Jugendlichen über Eltern und Lehrer und deren Erziehungsvorstellungen bereits erfahren haben, muß bei der Bewertung der Tätigkeit der Ausbilder auf Schwierigkeiten stoßen. Doch die Ausbilder sind nach den Ergebnissen vieler Studien der wichtigste Faktor – ja Garant – für das Gelingen einer Ausbildung oder aber verantwortlich für deren Mißlingen[2] – wie auch die Befragung von G. Jasper belegt. Bei ihnen liegt es aber auch überwiegend, wenn es zum Abbruch von Ausbildungen kommt. Zur besonderen Stellung der Ausbilder haben wir in dieser Arbeit eine Reihe von Hinweisen gegeben. Dabei schwanken die Vorstellungen der Jugendlichen von der gewünschten und als Erfolg versprechend eingeschätzten Haltung der Ausbilder zwischen Kameradschaftlichkeit (Kumpelhaftigkeit) und gestrengen Vorgesetzten. Die Jugendlichen neigen dem Wunsch zu, die Gleichheit im Verhältnis zu präferieren, da diese Haltung ihnen ein höheres Maß an selbständiger Gestaltung gewährt. Das heißt jedoch auch, dass Angst als Ursache für Schwierigkeiten ohne besondere Betreuung in schwierigen Fällen nie ganz beseitigt werden kann. Oesterle weist darauf hin, dass erst in Gesprächen die Ängstlichkeit vor Initiation erkannt werden könne.[3]

Mit unserer Hypothese, dass die Schüler beim Übergang in die Berufsausbildung dadurch belastet sein könnten, dass sie die für jeden Unterricht wichtige Position des Ausbilders nicht kennen und deshalb unsicher sind, haben wir unterstellt, die Jugendlichen wünschen eher, dass es im Verhalten vom Lehrer zum Ausbilder eine Kontinuität gebe. Diese Hypothese bedarf einer Erweiterung: In unserer Studie haben wir eine Diskrepanz gefunden. Einerseits wird für die Beschwernisse des Übergangs implizit – aus der Interpretation der Äußerungen zur

1 vgl. Berger, Peter/Luckmann, Thomas, Die gesellschaftliche Konstruktion der Wirklichkeit, Frankfurt/M., 21. Aufl. 2007

2 vgl. Lackmann/Wingens, a.a.O., die das Scheitern in der Ausbildung zu 24% auf Differenzen mit den Ausbildern zurückführen – s. oben S. 14 f. und S. 35 f.

3 vgl. Oesterle, Aline, Coaching in der schulischen Berufsorientierung, in: Jung, a.a.O., S. 257-274, S. 268

Besorgnis bei ca. der Hälfte unserer Probanden – Hilfe erwartet und wo keine Sicherheit gesehen wird, entsprechende Erwartungen an offenbar Verantwortliche für die Bewältigung der Beschwernisse des Übergangs gesucht: Die Ausbilder.

Andererseits weist die Selbstbeurteilung des Leistungsvermögens – interpretiert aus den geringen selbstkritischen Urteilen über die eigenen schulischen Anstrengungen – darauf hin, dass die Jugendlichen keinen Zweifel daran lassen, wer für die Probleme nicht die Verantwortung zu tragen habe: Sie selber. Sie sind offenbar der Meinung, die von ihnen erbrachten schulischen Leistungen seien Erfolgssicherheit für die gewählten Berufe[1].

Man darf daraus schließen, dass neben den Hürden, die sich aus dem Wechsel vom Schüler zum Auszubildenden erheben, auch die inneren Hürden einer unkritischen Selbstbeurteilung überwunden werden müssen. Da aber die Auszubildenden sehr zuversichtlich und nach eigener Einschätzung gut vorbereitet ihre Entscheidung getroffen haben, sie sich andererseits – vor dem Eintritt in die Ausbildung – Sorgen um den Ausbildungsbeginn machen[2], bleiben die Projektionen ihrer Ängste auf die Ausbilder als Ventil zur Lösung gerichtet – oder auch nicht. Dann bliebe – wenn die Lösung ausbleibt – das Scheitern. Dem Ausbilder dürfte damit eine Belastung übertragen worden sein, die er zwar überwiegend zu lösen in der Lage ist, die ihn aber bei negativem Ausgang erst nach kritischer Analyse der Fälle belasten dürfte.

Folgt man dem Ergebnis Deuers[3], dann sind die Jugendlichen vor dem Übergang in Bezug auf Erhalt eines Ausbildungsplatzes sehr optimistisch. Rund 80% schätzen ihre Fähigkeiten und Kenntnisse für den künftigen Beruf positiv ein. Auch Rolf Oerter[4] weist auf die Gestaltungsfähigkeit und Gestaltungsbereitschaft der Jugendlichen im Übergang von der Schule in die Ausbildung hin. Dennoch gilt, dass betroffene Individuen selbst aktive, selbst bestimmte Bear-

1 Deuer, Ernst, Studien- und Berufswahl aus der Perspektive der Jugendlichen, in: Wirtschaft und Erziehung 2/2007, S. 400-403. Bei Deuer sind die Hochschätzungen der eigenen Leistung und des Kenntnisstandes noch deutlicher (bei sehr geringer Zahl der Probanden und eher einer Gelegenheitsauswahl) ausgeprägt. Während Kritiker den Jugendlichen eher dürftige Kenntnisse der Wahlberufe attestieren, schätzen die von Deuer befragten Schüler ihre Kenntnisse und ihre Fähigkeiten zur Ausübung der Tätigkeiten gut ein (80%). Wir vermuten, die Praktika (ca. 71%) und die BIZ-Besuche (ca. 90%) geben ihnen die Sicherheit – mag sein, dass hier die oft befürchtete Überbewertung der Praktika die Ursache ist.

2 Hier sind die Befunde von Deuer vorsichtig als eine Bestätigung unserer Ergebnisse zu werten.

3 ebenda

4 Oerter, Rolf, Lebensbewältigung ..., a.a.O.

beiter jener Bruchstellen und kritischen Ereignisse im Lebenslauf sind, die nicht routinemäßig bewältigt werden können. Sie sind in der Situation der gestellten Aufgabe, die vor dem Übergang von der Schule in die Berufsausbildung stehen, machen sich Sorgen, die sie sich mehr oder weniger eingestehen. Diese von Deuer und Oerter gefundene Selbstsicherheit finden auch wir dort, wo wir nach der schulischen Leistung fragten. Überwiegend – wir haben darauf mehrfach hingewiesen – sehen ihre Bemühungen um Qualifizierung als angemessen an. Die Diskrepanz zu der erkennbaren Sorge vor dem Übergang scheint uns dadurch bedingt, dass die selbstbewußte Haltung wie ein Schutzschild vor den dennoch vorhandenen Zweifeln getragen wird. Dem entspricht auch die Bereitschaft der Jugendlichen im Prozeß der Berufswahlreife bei steigenden Zweifeln, ob der gewünschte Beruf erreicht werden kann, Alternativen zu akzeptieren. Diese Haltung hat eine gewisse Affinität zu den geäußerten Fähigkeiten in der Vorstudie (Spelle), in der die Bereitschaft, sich auf die neuen Bedingungen in der Ausbildung einzulassen (33,3% „Wir wollen auf andere hören") und sich den Bedingungen der Teamarbeit zu stellen (27,4%)genannt wurde.

Wir haben deshalb die Frage operationalisiert durch Vorgaben von Methodenvarianten des Unterrichts, die einerseits an einer eher traditionellen und andererseits an einer eher progressiven Methode ausgerichtet sind, die aber beide durchaus unterrichtliche Realität an Schulen darstellen: Lehrervortrag und mitgestaltendes Lernen. Wenn die Jugendlichen erwarten, sich in der Ausbildung auf ein anderes als das bisher bekannte Lehrerverhalten einstellen zu müssen, dieses aber nicht kennen, stellen sich bei ihnen Unsicherheiten ein.

Wir hatten gefragt, welche Lehrform die Schüler auch für die Ausbildung präferieren. Unter den Alternativen des Lehrervortrages einerseits und der Mitwirkung an der Lösung durch die Auszubildenden andererseits, entschieden die Schüler, sich an den Erfahrungen zu orientieren, die sie bisher in der Schule mit den angewandten Methoden gemacht haben. Sie werden diese vermutlich als Erwartungen auf die künftige Ausbildung transponieren.

Mit der zweiten Frage, mit der wir konkreter wurden, wollten wir das vorangegangene Ergebnis erhärten. Das Ergebnis verrät die vermutete Unsicherheit: Bei künftigen Aufgaben möchte man doch eher erst nach gründlicher Vorbereitung und nicht bereits durch Mitverantwortung lernen und arbeiten, was ja bei der Mitwirkung implizit gegeben wäre.

Mit der dritten Frage haben wir versucht, das Gewicht der künftigen Tätigkeit noch weiter den unbekannten Produktionsvorgängen im Handwerk und in der Industrie anzunähern: Die Schüler sollten entscheiden, ob sie in besonders schwierigen Fällen erst dann eine eigene Mitwirkung befürworten, wenn ihnen die Aufgabe vorgemacht wurde. Die Haltung der Jugendlichen, die in den vorangegangenen Antworten deutlich wurde, ist hier noch einmal bestätigt: Die vom Schulunterricht bekannten Methoden werden – als Hoffnung – auf die Ausbildung transponiert, wobei nicht bekannt ist – wir haben ja die Items nach Wünschen formuliert – ob eine solche einfache Übertragbarkeit Unsicherheitselemente in sich trägt.

Das haben wir mit der nächsten Frage problematisiert und operationalisiert, dass trotz dieser Vorbereitung bedacht werden müsse, dass Auszubildende Anfänger sind.

Auch hier zeigt sich, dass die Schüler ihre Unsicherheiten durch eine betreuende Haltung der Ausbilder mindern möchten. Hierbei ist eine etwas differenziertere Haltung der Jugendlichen zu erkennen. Überwiegend herrscht noch die Erwartung vor, schulische Strukturen sollten auch in der Ausbildung erhalten bleiben. Darin liegt das vermutete Potential der Unsicherheit. Und wie stehen die Jugendlichen zu den Erwartungen im „persönlichen" Verhalten der Ausbilder?

Im Gegensatz zu den Fragen nach methodischem Vorgehen der Ausbilder scheint hier eine klare, realistische Auffassung beherrschend zu sein. Daraus lassen sich jedoch keine Schlüsse darauf ziehen, ob der Übergang problembelastend sein könnte oder nicht.

Unsere Erweiterungen mit Bezug auf das „persönliche" Verhalten der Ausbilder ergaben zunächst, dass für den Verlauf der Ausbildung die Jugendlichen eine sachorientierte Vorstellung entwickelten: Sie wollten, dass Lob und Kritik auf den Ausbildungsgang bezogen ausgesprochen werden sollten.

Zu dieser persönlichen Einschätzung tendierten auch die Antworten auf die Frage nach der Führungsqualität der Ausbilder. Hier präferierten sie ein kameradschaftliches Verhalten – besonders die männlichen Schüler – aber auch die Akzeptanz des Ausbilders als Vorgesetzter wurde von jedem vierten Schüler genannt.

Auch bei der Frage nach privaten Gesprächen urteilten die Schüler sehr unterschiedlich: Während die Jungen (Sport!) neben dem Fachlichen auch gleichwertig das Private in Gesprächen für wünschenswert hielten, neigten die Mädchen sehr deutlich (65%) zu dem eher sachlichen Aspekt, in Gesprächen das Private zu meiden, da es störend wirken könne.

Soweit haben wir die Interviewergebnisse der Schülerinnen und Schüler aus den allgemein bildenden Schulen zusammenfassen können. Wenn wir nachfolgend die Ergebnisse der Interviews der Auszubildenden zusammenfassen, dann geben wir damit einen ersten Einblick in die Unterschiede zwischen den Erwartungen – mit Unsicherheit belasteten – und den ersten Erfahrungen – mit der Beurteilung der real gegebenen Situation.

Hier könnte ein Zweifel der Schüler erkennbar werden, ob sie von der Schule ausreichend vorbereitet wurden. Damit ist allerdings keine Aussage darüber getroffen, ob die Vorbereitung auf die Berufs- und Arbeitswelt durch die allgemein bildende Schule wirklich ausreichend oder nicht ausreichend gewesen ist.

Anders als die Schüler und Schülerinnen, die die allgemein bildende Schule verließen, waren die Meinungen derjenigen, die erfolgreich in eine Berufsausbildung aufgenommen waren. Einerseits sahen sie ihre Zukunft real auf die für sie vorgegebene Situation gegeben, andererseits waren sie auch den Übergangsforderungen direkt ausgesetzt, mußten sie bewältigen, sich ihnen anpassen oder ein drohendes Scheitern abwenden. Ihre Ansichten und Einschätzungen und Meinungen spiegeln eher konkrete Probleme, vor deren Versagen kritische Konsequenzen gesehen werden müssen.

Wir hatten die Befragung in zwei Abschnitte geteilt:

Die Schüler sollten sich an die letzten Wochen in der allgemein bildenden Schule erinnern.
Dann baten wir um ihren ersten Eindruck in der begonnenen Ausbildung.

Entsprechend waren unsere Fragen formuliert. Die Antworten schließen wir unmittelbar an.

1.1
Bevor Sie Ihre alte Schule verließen, hatten Sie sicher Überlegungen über die seinerzeit bevorstehende Berufswahl angestellt. Erinnern Sie sich noch, welche Sorgen oder Hoffnungen Sie hatten?

1.1.1
Überwiegend wurde Optimismus geäußert, den die Schüler vor der Ausbildung besaßen. Eine Gewöhnung, so meinten sie, werde für den Einstieg genügen. Allerdings sah die Hälfte von ihnen die Notwendigkeit zur Umstellung, was auf verdeckte Unsicherheit schließen läßt.
Diese Unsicherheit bedeutet Angst vor Leistungsschwäche. Die kann von den Jugendlichen auch damit begründet werden, dass sie der abgebenden Schule ein – zumindest begrenztes – Vermittlungsdefizit unterstellen.

Denn nachdem die Entscheidungen für eine Ausbildung gefallen sind, wissen die Schülerinnen und Schüler, dass zumindest in drei Punkten Änderungen gegenüber ihrer jetzigen Rolle eintreten, von denen sie aber zu wenig erfahren haben.

1.2.
Wir können verstehen, dass Sie sich Sorgen gemacht haben. Sie waren ja noch nicht in einer Berufsausbildung und kannten Betriebe vielleicht nur von Praktika. Wünschen Sie aus heutiger Sicht, dass Sie besser informiert worden wären? Sollten die Fächer in der Schule mehr auf die Praxis ausgerichtet sein?

1.2.2.
Nur ein Fünftel aller Schülerinnen und Schüler sah die Inhalte der abgebenden Schule sehr kritisch. Sie seien unbrauchbar für die Ausbildung. Während 78% die Brauchbarkeit für einige Inhalte positiv sahen. Dass nicht alles positiv aus der Schule akzeptiert wird, liegt schon daran, dass Inhalte auch nach der Berufsspezifik beurteilt werden.
Soweit die Ansichten der Auszubildenden im Rückblick, die wir im zweiten Teil der Befragung konfrontieren wollten mit ihrem Urteil über die ersten Eindrücke nach Beginn der Ausbildung.

Bei dem Sprung vom ersten Fragebogenteil in den zweiten hatten wir parallel zur vorangegangenen Frage nach den Problembefürchtungen gefragt: Heute in Ihrer Ausbildung haben Sie kennengelernt, welche Unterschiede es zwischen allgemein bildenden Schulen und berufsbildenden Schulen gibt. Sie wissen jetzt auch, wie es in Betrieben während der Ausbildung zugeht. Heute urteilen Sie also aus Erfahrung und sehen auch vielleicht die damalige Situation anders. Deshalb fragen wir Sie noch einmal – nun über Ihre wirklichen Eindrücke.

2.1.
Wie war Ihr erster Eindruck zu Beginn Ihrer Ausbildung? Welche Vorstellungen/Sorgen, die Sie vor der Ausbildung hatten, sind eingetroffen?

2.2.1.
Wirkliche Anfangsschwierigkeiten sahen jetzt nur noch ca. 18%, keine Probleme dagegen hatten noch knapp mehr als die Hälfte nach dem Einstieg in die Ausbildung. Allerdings ist der Unterschied zu den Vorerwartungen doch nur gering, nicht gewichtig einzuschätzen. Den Eindruck, dass die Schwierigkeiten aus ihrer eigenen Leistung kommen, war mit leicht absinkender Tendenz relativ konstant geblieben – auf niedrigem Niveau. Die Sorgen vor dem Verhalten der Ausbilder im Vergleich zu dem der Lehrer der allgemein bildenden Schule wurde auch - zwar in geringerem Maße als befürchtet - bestätigt.

Die Umstellung machte knapp der Hälfte der Schüler schon Schwierigkeiten, die sehen sie aber nur in geringem Maße bei den Ausbildern. Das positive Bild der Lehrer der allgemeinbildenden Schulen ist offenbar zwiespältig: Das Wissen, das diese Lehrer von der Berufsausbildung allgemein an die Schüler vermitteln, wird mehrheitlich von ihnen mit „sehr gut" bis „gut" brauchbar eingestuft, doch 60,2% aller Schüler und Schülerinnen wünschen, diese Lehrer der allgemein bildenden Schule müßten mehr „von der Ausbildung" wissen.
Aus diesen Ergebnissen müssen die Lösungsvorschläge der eingangs erwähnten Übergangsanalysen als wenig brauchbar eingeschätzt werden.
So reduziert Lamszus den Konflikt auf bestehende Diskrepanzen zwischen dem Berufswunsch der Jugendlichen und den Vorstellungen der Eltern von der künftigen beruflichen Tätigkeit der Kinder und verneint damit pädagogische Lösungsmöglichkeiten. Das mag noch in den 70er Jahren ein Konfliktpotential gewesen sein, für die heutigen Verhältnisse, in denen die Eltern überwiegend helfend ihren Kindern in der Berufswahl zur Seite stehen, erwachsen Probleme eher aus der Unsicherheit einer „richtigen" Berufswahl und dem Erhalt eines Ausbildungsplatzes.
Vielleicht tritt dann aber das Übergangsproblem beim Eintritt in das Praktikum ein. Da Betriebspraktika aber schulisch begleitet werden, dürften diese Gefahren gering einzuschätzen sein. Vielmehr scheinen die Erwartungen der Jugendlichen sich auf den von Zabeck[1] betonten Zusammenhang von betrieblicher Ausbildung und Kompetenzvermittlung zu richten. „Ihre Aufgabe (der betrieblichen Ausbildung – LB) ist es, trotz praxisbedingter Restriktionen darauf hinzuwirken, daß die Auszubildenden schrittweise einen Entfaltungs- und Gestaltungsspielraum erhalten, innerhalb dessen Kompetenz- und Autonomieerfahrungen möglich sind."[2]

2.2.

Auf die direkte Frage, wie sie den Übergang erlebten unter Berücksichtigung der Informationen, die die abgebende Schule zur Verfügung gestellt hatte, wollten wir die Diskrepanzen zwischen den Informationen und der Wirkung auf die Erwartungshaltung und den tatsächlichen Eindrücken herausfinden.

2.2.2.

Knapp mehr als 60% gaben der abgebenden Schule keine Verantwortung dafür, dass die Erfahrungen mit den Informationen der Schulen nicht übereingestimmt hätten. Immerhin aber ein gutes Drittel (35,1%) bestätigten Mängel in den Informationen der abgebenden Schulen über die betriebliche Berufsausbildung

---

1 vgl. Zabeck, Jürgen, Moderne didaktische Strömungen unter der Frage nach der Kernkompetenz der berufsbildenden Schule, in Wirtschaft und Erziehung 7-8/2005/57, S. 269 - 276

2 ebenda, S. 274

und jeder fünfte Schüler warf seiner Schule vor, die Vorbereitung durch sie sei nicht genügend an der zu erwartenden Praxis orientiert gewesen. Ausubels Vermutung[1] findet hier eine Bestätigung. Die Auszubildenden äußerten dazu (60,2%), die Lehrer der allgemein bildenden Schule hätten mehr über die Ausbildung im Dualen System wissen müßten, damit hätten die Schüler auf den Übergang besser vorbereitet werden können. Auf Fragen nach genauer Bestimmung der Defizite konnten die Auszubildenden allerdings nur in begrenztem Umfang Auskunft geben. 44,4% gaben auf diese Frage keine Antwort. Die Antworten, die wir auswerten konnten, blieben außerdem wenig konkret, welche Ursachen die Schüler für die empfundenen Schwierigkeiten identifizierten. Den abgebenden allgemein bildenden Schulen wird von den Kritikern ziemlich diffus eine Realitätsblindheit gegenüber der Berufsausbildung unterstellt. Das darf nicht interpretiert werden als unzulässige, unbegründete Beurteilung, aber es macht deutlich, dass den Schülern und Schülerinnen mit Hilfe ihrer Lehrer insofern Ängste und Unsicherheiten erspart werden könnten, wenn sie den Eindruck gewinnen könnten, ihre Lehrer hielten durch Kontakt und Eigenkenntnis (aus ihrer Ausbildung) und Eigenerfahrungen (durch Praktikumskontakte) die Fähigkeit zu einer Übermittlung realitätsnaher Arbeits- und Ausbildungsbedingungen aufrecht. Ein besonderer Aspekt könnte dabei eine Einladung an betriebliche Ausbilder sein, damit deren abweichende oder übereinstimmende Vorstellungen von Organisierung von Lernprozessen transparenter werden können. Die Ausbilder in den Betrieben und die Lehrer und Lehrerinnen an berufsbildenden Schulen sollten aus eigener Initiative dazu beitragen, dass diese Transparenz hergestellt werden kann, damit es nicht nur eine Bringschuld aus dem Bereich der allgemein bildenden Schulen bleibt, sondern auch eine Holschuld aus den Bereichen der beruflichen Bildung wird, der sich auch die Betriebe als Ganzes anschließen sollten.

Da die Erschwernismöglichkeiten des beruflichen Einstiegs überwiegend speziell im gewerblich-technischen Bereich in den dort vorkommenden ungewohnten Arbeitsanforderungen liegen, sind hier die Betriebe in dieser Hinsicht aufgefordert, auf mehr Transparenz zu sehen. Darin wäre es in Anfängen möglich, dass sie selbst als aktiver, selbstbestimmter Bearbeiter jener Bruchstellen und kritischen Ereignisse im Lebenslauf auftreten, die nicht routinemäßig bewältigt werden können. Kluge meint, dass den jungen Menschen keine Außenmotivation fehle, um ein Problem zu lösen, diese wirke eher kontraproduktiv. Die Motivation „von innen“ schafft den aktiven, selbstbestimmten Lehrling[2], der sich aber ein Bild von der Situation verschaffen können muß.

---

1 s. S. 24

2 vgl. Kluge, Michael, Du schaffst es oder nicht. In: berufsbildung, Heft 84/2003, S. 2

Dazu scheint auch zur institutionellen Minderung möglicher Übergangsschwierigkeiten oder Einpassungsschwierigkeiten – und das bedeutet eine schwerere Situation für kleinere Firmen – eine erstphasige Arbeit in Lehrwerkstätten erfolgreich zu sein, weil man dann nicht mehr als „Greenhorn" in die jeweilige Abteilung zur Weiterführung der Ausbildung kommen müsse.

Um hier zu Lösungen zu kommen, bedarf es empirischer Analysen.[1] Die sind dann Teil eines Übergangsmanagements in der Phase zwischen Berufsorientierung und Ausbildungsbeginn. Damit könnten Versäumnisse, die in der Schule nicht behoben werden konnten, zumindest gemindert werden.

Zur Verstärkung der Unterstützungen, die durch Lehrwerkstätten gegeben werden können und sollen, wird auch ein Praktikum immer wieder als konstruktive Möglichkeit unterstrichen. Es wirkt dann am Nachhaltigsten, wenn die Betriebe bei der Gestaltung von Praktika darauf achten, dass Praktikanten bei ihnen im Betrieb die Praktikumszeit auch als Form der Vorinitiation strukturieren.

Bei einem Vergleich mit der empirischen Studie von Joachim Lederer[2] ließen die Ergebnisse bei den Jugendlichen s.Z. eine kritischere Haltung erkennen als heute. Die Schule habe zu 59,0% auf die Berufsschule und zu 47,3% auf das Berufsleben ausreichend vorbereitet, aber vorher hatte 86,8% den Übergang freudig erwartet. Ein bedeutsamer Bewertungsverlust.

In unserer oben genannten Studie fanden wir, dass die positive Haltung der abgebenden Schule gegenüber offenbar gewachsen ist, wenn 20,7% Kritik an der abgebenden Schule üben, bei Lederer waren es noch 52,7%.

In der Vorstudie – in der Auswertung der Ergebnisse von Spelle - fürchteten noch 17% der Jugendlichen im Prozeß der Berufsfindung Schwierigkeiten beim Übergang. Unmittelbar vor dem Übergang sagten die Schüler der befragten Entlaßklassen noch zu 10,8%, dass sie Schwierigkeiten fürchteten. Ebenfalls in der Vorstudie waren Befürchtungen geäußert worden, hierarchische Strukturen in den Betrieben könnten Hindernisse bedeuten, die ein freundliches Betriebsklima konterkarieren könnten. Ängste vor den Ausbildern wurden in der Vorstudie noch zu 19,4% genannt. Die Schüler fürchteten, dass diese bei ihnen die Ursache für entstehende Lernschwierigkeiten sein könnten. In der Hauptstudie fanden wir nur noch 9,7%, aus deren Antworten wir entnehmen konnten, dass sie die Strenge der Ausbilder fürchteten. Es erscheint uns plausibel, dass die

1 Butz, Bert, Von der Berufsorientierung zum Übergangsmanagement, in: Jung, Eberhard (Hg.), a.a.O., S. 156-169, hier S. 157

2 Lederer, Joachim, Probleme des Übergangs von der Schule in den Beruf, München 1961

Kontinuität, wie sie auch Preiss festgestellt hat, von den Schülern erhofft, ja erwartet wird. Die Kontinuität bedeutet für sie offenbar, dass sie mit nur geringen Anpassungsleistungen rechnen müssen.

Sie sehen zumindest am Anfang der Ausbildung, an dem die Erinnerungen an den Stil der alten Schule noch deutlich vor Augen stehen, den Ausbilder als Weiterführer der Bildungsbemühungen, die von ihren vorangegangenen Lehrern geprägt wurde. Doch steht diese Erwartung nach Kontinuität unter der Furcht, in der Person des Ausbilders wegen der Strenge größere Einarbeitungsschwierigkeiten zu finden. Bei unserer Differenzierung nach Niveaus der Ausbildungsberufe läßt sich eine Abhängigkeit der Befürchtungen von den Anforderungsniveaus feststellen. Doch die Angst vor dem Ausbilder geht im Verlauf der ersten Erfahrungen – nach dem Kennenlernen der Ausbilder – bei allen Befragten zurück. Die anfängliche Furcht, die durch die Erfahrung korrigiert wird, wird von den Auszubildenden auf fehlende Information aus ihrer vorher besuchten Schule begründet.

Ob die Schüler/Schülerinnen in ihrer Haltung zu den Ausbildern eine ähnliche Bereitschaft zur Anpassung entwickeln wie Bußhoff dies bei der Suche nach einem Ausbildungsplatz gefunden hat[1], wäre mit einer späteren Befragung dieser Kohorte herauszufinden. Die von uns festgestellten Wünsche lassen vermuten, dass Hilfestellungen durch die Ausbilder erwartet werden, die sich u.a. auch mit dem Fortschritt in der Ausbildung einstellen könnten.

Wir können ein Resümee ziehen: Während der Phase der Berufswahl in der allgemein bildenden Schule gibt es wenige, begrenzte Unsicherheiten – keine Ängste – was die Zukunft wohl bringen werde. Die Lehrer dieser Schulen, die den Prozeß der Berufswahl begleiten, versuchen mit Erfolg, einen solchen Übergang, der nach der Berufswahl erfolgt, bei den Schülern mit erfolgreicher Ausbildungsplatzsuche als Kontinuität darzustellen. Zwar meinen 20,7%, sie könnten das Gelernte nicht gebrauchen, aber bei einer vermutbaren rollengegebenen Distanz der Schüler zur Schule ist das keineswegs dramatisch, äußern sich doch 78,1% positiv – teilweise mit Einschränkungen einzelner Fächer. Die Schüler nennen einige Fächer, die sie teilweise als Chancen bewerten, mögliche Übergangsschwierigkeiten zu thematisieren. Aber auch Hinweise auf formale und

1 Bußhoff fand, dass ökonomische Nachteile und ungünstige berufliche Chancen in erstaunlichem Umfang von jungen Menschen in Kauf genommen werden. Ungünstige Informationen über unmittelbare berufliche Aussichten, z.B. wenn kein Ausbildungsplatz im gewünschten Beruf oder Betrieb zu bekommen ist, werden zwar als belastend empfunden, da sie aber überwiegend als kaum veränderbar eingeschätzt werden, werden sie als Bestandteil der Entscheidungsbedingungen aufgenommen. – Dies bezieht Bußhoff aber auf den Berufsfindungsprozeß.

Personen betreffende Informationen und Belastungen kommen in den Äußerungen vor. Überraschend ist in diesem Ausmaße die geringe Ausprägung von Selbstkritik. Nur wenige Schüler - mehr weibliche als männliche – sehen Gründe für vorhandene Übergangsprobleme in möglicher Weise zu geringer eigener Leistungsbereitschaft oder Leistungsfähigkeit und Lernbereitschaft.

Die Umstellung machte knapp der Hälfte der Schüler Schwierigkeiten, die sie nicht bei den Ausbildern sehen. Das oben genannte positive Bild der Lehrer der allgemein bildenden Schulen wird durch den Wunsch der Auszubildenden fast konterkariert, denn 60,2% von ihnen meinen, ihre Lehrer müßten zur besseren Vorbereitung mehr „von der Ausbildung wissen", um die Schüler besser vorbereiten zu können.

Es bleiben bei den Auszubildenden Befürchtungen, dass Probleme noch bestehen bleiben, selbst wenn eine Eingewöhnung stattgefunden hat.

Am Anfang fiel es nur 11,8% der Auszubildenden schwer, mit den neuen Bedingungen zurecht zu kommen. Das ist sicherlich ein positiver Einstieg in die Ausbildung. Damit ist der Anteil derjenigen, die sich an Schwierigkeiten erinnern, aber leicht gestiegen. Das lag offenbar nicht, wie zu erwarten gewesen wäre, an dem Bruch, den der Übergang von der Schule in den Betrieb brachte. Auch eine Reflexion über Lerndefizite ging zurück, von 14,5% auf 9,5%. Das gleiche Bild ergibt sich bei der Beurteilung der Ausbilder. Die Befürchtung über deren größere Strenge sank von 9,7% auf 7,9%. Eine Geschlechtsspezifik, die sich noch vor dem Eintritt in die Ausbildung erkennen ließ, ist in der Ausbildung nicht mehr nachweisbar. – Hilft die wahrgenommene praktische Erfahrung, Vorurteile abzubauen? Die Vermutung, Ausbilder seien strenger als die Lehrer der vorher besuchten Schulen, wird möglicherweise wie die anderen Kategorien in ihrer Belastung begrenzt.

Gibt es dennoch eine Lösung?

Wenn man aus den gewonnenen Ergebnissen der Befragungen versuchen will, Lösungen abzuleiten, wenn es also um die Frage geht, wie kann man jungen Menschen den Übergang von der allgemein bildenden Schule in die Berufsausbildung erleichtern, dann muß man die Lage noch einmal vor dem Hintergrund reflektieren, was in dieser Situation passiert.

Es ist ein wissenschaftslogisches und methodisches Problem, Beobachtungen auf der einen Seite, die als Daten in den Erkenntnisprozeß eingehen und auf der anderen Seite Verallgemeinerungen, die als Allaussagen, Hypothesen oder auch als Theorien von der Wissenschaft entwickelt werden, miteinander – oft noch in beliebiger Weise – zu verknüpfen. Denn es ist zu bedenken, dass die meisten sozialwissenschaftlichen Aussagen eher unpräzise Formulierungen der meisten Behauptungen sind. Es liegen oft konkurrierende Hypothesen und Paradigmen vor, die durch die zunehmende Komplexität von Aussagen tendenziell steigen. Die Zusammenhänge werden eher korrelativ und nicht kausal dargestellt.

Wenn man Menschen mit einer praktischen Situation, mit einem praktischen Problem konfrontiert, in ein praktisches Feld stellt, d.h. sie allein läßt, dann nehmen sie wahr, was auf sie einstürmt und was ihnen gerade wichtig ist unter den beobachteten Ereignissen und Zuständen, wie der Umgang mit Praktika lehrt.

Es ist zu erwarten, dass die auf diese Weise möglichen Wahrnehmungen in aller Regel nicht geeignet sind, wissenschaftsbestimmte Begriffe und Verallgemeinerungen so zu illustrieren, dass sie gehaltvoll und zustimmungsfähig sind. Beispiel: Betriebserkundungen eines Betriebes durch eine Klasse.

Wahrgenommene Ereignisse und Sachverhalte werden von den beobachtenden Menschen aufgrund ihrer Vorerfahrungen, Erwartungen und Interessen und kognitiven Strukturierungsgewohnheiten aufgrund der vorliegenden privaten Deutungen und Interpretationen gesehen und daraus Verallgemeinerungen gebildet. Episodische Informationen für alltägliches Entscheiden, Verhalten, Werten u.a. prägen sehr viel stärker als theorienahe Informationen. Episodische Informationen werden von den Individuen täglich und mit ansteigender Erfahrung zueinander in Beziehung gesetzt, verallgemeinert, zu komplexen Systemen verknüpft und unter günstigen Bedingungen mit den theoretischen Behauptungen und Begriffen irgendwann zur Deckung gebracht. Umgekehrt scheinen theoretische

Informationen für praktisches Handeln folgenlos zu bleiben, wenn sie nicht mit episodischen Vorstellungen verbunden werden können.[1]

Die Schule kann und sollte versuchen, ein lebenslang brauchbares, in der Verwendung nicht festgelegtes Reservoir für Assoziationen heranzubilden und Hilfestellung zu geben und unter langfristiger Perspektive einzelne Erfahrungen in einem allmählich ablaufenden Prozeß zu gestalten und auszubilden. Das bedeutet für die pädagogische Praxis, vorliegende Wahrnehmungen zu strukturieren und nicht einfach bestimmte Wahrnehmungen als Desinformationen zu vermitteln.

Eine inhärente Funktion des Betriebspraktikums kann hier hilfreich ausgenutzt werden, anders als Lamszus vermutet hat. Man kann davon ausgehen, dass die Schülerinnen und Schüler in aller Regel Betriebspraktika von 3 bis manchmal 4 Wochen absolvieren, oft auch schon zwei Betriebspraktika. Man kann den Schülern Aufgaben stellen, z.B. durch Protokollieren eines Arbeitstages nach vorgegebenen Kriterien, wie ein solcher Tag im Betrieb abläuft. Diese Materialien, von allen Schülern der Klasse gesammelt, können Aufschluß darüber geben, was sie jetzt bereits vor dem Eintritt in die Ausbildung an Betriebsrealität kennengelernt haben. Dabei kommt es für den Unterricht darauf an, dass den Schülern klar wird, sie haben eine Praxiserfahrung gemacht, d.h. sie waren zwar in einer anderen sozialen Rolle als die wirklich Auszubildenden, dennoch können sie auch durch Beobachtungen und Befragung der Auszubildenden die Elemente kennenlernen, die ihnen vielleicht in der Schule ohne entsprechende Hilfestellung Sorgen bereiten könnten. Hilfestellung kann auch von den Eltern kommen. Die Daten darüber konnten hier nicht erhoben werden, ergeben sich aber sowohl aus dem „Elterneinfluß auf die Berufswahl“[2], als auch aus dem Forschungsbereicht von Beicht u.a.[3]. Aus diesen geht hervor, dass zumindest ein indirekter Einfluß des familialen Hintergrundes vorstellbar ist. Besonders ein bestimmter Schul- und Berufsabschluß der Eltern ist übergangsförderlich, denn Eltern mit höherer beruflicher Qualifikation eröffnen ihren Kindern eigene Zugangswege in eine Berufsausbildung. Aber auch die Jugendlichen selbst können einiges dazutun und sich über soziale Netzwerke[4] Zugangswege in eine Ausbildung verschaffen.[5]

---

1 vgl. Markefka, Manfred, Übergang in die Berufswelt, Neuwied/Berlin 1970

2 Vom Verfasser, Bad Honnef 2000

3 Beicht, U./Friedrich, M./ Ulrich, J.G., a.a.O., S. 233

4 Die Wirkungen solcher Netzwerke wurden in meiner Studie „Berufsorientierung und peergroups“, Bad Honnef 2004, analysiert. Es handelt sich dabei um informelle Gruppenbildungen. Sie sind als Netzwerke informeller Art zu verstehen.

5 ebenda

Literaturverzeichnis

Adorno, Theodor W.
Soziologie und empirische Forschung, in: ders. u.a., Der Positivismusstreit in der deutschen Soziologie, Darmstadt 1972,

Albert, Hans
Kritik der reinen Erkenntnislehre, Tübingen 1987

Allmendinger, Jutta/Ebner, Christian
Jugendliche vor dem Hürdenlauf, in: IAB-Forum 2/2005

Allerbeck, K.
Arbeitswerte im Wandel, in: MitAB. Nürnberg 1985, S. 209 – 221

Arndt, Holger
Digitale Medien im Berufsorientierungsunterricht, in: Jung, E. (Hg.), a.a. O., S 214 - 223

Ausubel, David
Das Jugendalter, München 1970,

Beck, Ulrich/Brater, Michael/Daheim, Jürgen
Soziologie der Arbeit und der Berufe, Reinbek 1971

Behrens, Gerhard u.a.
Einführung in die Berufsorientierung, Hannover 1978

Beicht, Ursula/Friedrich, Michael/ Ulrich, Joachim Gerd
Ausbildungschancen und Verbleib von Schulabsolventen in Zeiten eines angespannten Lehrstellenmarktes, BIBB (Hg.) vorläufige Fassung im Internet März 2008

Beingardt, Martin
Hürdenlauf Richtung Arbeitswelt, in: Jung, Eberhard (Hg.), Zwischen Qualifikationswandel und Marktenge, Hohengehren 2008

Beinke, Lothar
Zwischen Schule und Berufsbildung, Bonn 1982

Ders.
Elterneinfluß auf die Berufswahl, Bad Honnef 2000

Ders.
Familie und Berufswahl, Bad Honnef 2002

Ders.
Berufsorientierung und peer-groups und die berufswahlspezifischen Formen der Lehrerrolle, Bad Honnef 2004

Ders.
Internetrecherchen - Eine Informationsmöglichkeit in der Berufswahl für Jugendliche? Frankfurt 2008

Ders.
Bildungsbarrieren, in: Seeber, Günther, (Hg.), Die Zukunft der sozialen Sicherung – Herausforderungen für die ökonomische Bildung, S. 187 – 208, Bergisch Gladbach 2006

Ders./Richter, Heike/Schuld, Elisabeth
Bedeutsamkeit der Betriebspraktika für die Berufsentscheidung, Bad Honnef 1996

Bernat, Walter/Wirthensohn, Martin/Löhrer, Erwin
Jugendliche auf ihrem Weg ins Berufsleben, Bern u. Stuttgart 1989

Berger, Peter L./Luckmann, Thomas
Die gesellschaftliche Konstruktion der Wirklichkeit, Frankfurt/Main, 21. Auflage 2007

Beywel, Wolfgang/Friedrich, Horst/Geise, Wolfgang
Evaluation von Berufswahlvorbereitung, Opladen 1987

Bley, Nikolaus/Rullmann, Marit (Hg.)
Übergang Schule und Beruf, Recklinghausen 2006

Braun, Gabriel/Ebbers, Ilona
Entwicklung einer Übergangskompetenz „Schule – Beruf" bei Jugendlichen mit besonderem Förderbedarf – Einbindung eines Praxisprojektes in der universitären Lehrer-/Lehrerinnenbildung, in: Kaminski, Hans/Krol, Gerd-Jan (Hg.) Ökonomische Bildung: legitimiert, etabliert, zukunftsfähig, Bad Heilbrunn 2008, S. 325-339

Büchner, Peter u.a.
Von der Schule in den Beruf, München 1979

Bußhoff, Ludger
Berufsberatung als Unterstützung von Übergängen in der beruflichen Entwicklung, in: René Zihlmann (Hg.), Berufswahl in: Theorie und Praxis, Zürich 1998

Butz, Bert
Von der Berufsorientierung zum Übergangsmanagement, in: Jung,E. (Hg.) a.a.O., S. 155-169

Deuer, Ernst
Studien- und Berufswahl aus der Perspektive der Jugendlichen, in: Wirtschaft und Erziehung, 2/2007

Dostal, Werner/Troll, Lothar
Die Berufswelt im Fernsehen, ivb Nr. 24, 2004

Ebel, Heinrich
Die ausbildungsfremde Verwendung der Ausbildungszeit – eine schriftliche Befragung von Lehrlingen über ihren Arbeitstag, in: Lempert, Wolf-

gang/ Ebel, Heinrich (Hg.) Lehrzeitdauer, Ausbildungssystem und Ausbildungserfolg, Freiburg 1965,

Fürstenberg, Friedrich
Wirtschaftsbürger in der Berufsgesellschaft? Osnabrück 1997,

Giessler, Thomas
Übergangsperspektiven aus Arbeitnehmersicht, in: Jung, E. (Hg.) a.a.O., S. 61-74

Gerdsmeier, Gerhard
Hauptschüler im Übergang ins Erwerbsleben und zur beruflichen Schule, in: Heterogenität und die Gestaltung von Lernumwelten. Zentrum der Lehrerbildung der Universität Kassel (Hg.), Kassel 2005, S. 24-49

Ders./Lang, Hartmut
Generalisierungsprobleme bei empirischen Forschungen, Anmerkungen zur Planung und Auswertung von Forschungsergebnissen bei knappen Ressourcen und instabilen Umwelten, in: Beinke, Lothar (Hg.), Die Höhere Handelsschule als Teil des Bildungssystems in der Bundesrepublik Deutschland, Bad Honnef 1980.

Heinz, Walter R.
Übergangsforschung – Überlegungen zur Theorie und Methodik, in: Deutsches Jugendinstitut (Hg.) Berufseinstieg heute, München 1988

Jaeger, Annemarie
Jugendliche in der Berufsentscheidung, Weinheim und Basel 1972

Jasper, Gerda
Beruflicher Einstieg – Wichtige Etappe aus individueller Sicht, in: Gerda Jasper/Birgitt Wählisch (Hg.), Wettbewerb um Nachwuchs und Fachkräfte, Mering 2004

Dies.
Motive für die Wahl des Ausbildungsbetriebes, in: Jasper, Gerda/Wählisch, Birgitt (Hg.), Wettbewerb…

Jung, Eberhard
Arbeits- und Berufsfindungskompetenz, in: Schlösser, Hans Jürgen (Hg.), Berufsorientierung und Arbeitsmarkt, Berg. Gladbach 2000, S. 93-116

Ders. (Hg.)
Zwischen Qualifikationswandel und Marktenge, Hohengehren 2008

Ders.
Neue Formen des Übergangs in der Berufsausbildung: Das Ausbildungs-Übergangs-Modell, in: ebenda, S. 224-137

Kaminski, Hans
Problemfelder für die Entwicklung der ökonomischen Bildung im deutschen allgemein bildenden Schulwesen, in: der./Krol, Gerd-Jan, (Hg.) Ökonomische Bildung, Bad Heilbrunn 2008

Keiner, Edwin
Stichwort: Unsicherheit – Ungewißheit – Entscheidung, in Zeitschrift für Erziehungswissenschaft 1/2005/8, S. 155-170

Klauder, W.
Ohne Fleiß kein Preis, 2. Auflage Osnabrück 1990

Kreweth, Andreas
Der Einfluß von Berufsbezeichnungen auf die Berufswahl von Jugendlichen, in: Berufsbildung in Wissenschaft und Praxis, 1/33

Krüger, Udo Michael
Die Berufswelt im Fernsehen, Bielefeld 2006

Krumme, Johannes
Neue Wege des Übergangs in das Ausbildungs- und Beschäftigungssystem, in: Jung, Eberhard (Hg.) Zwischen Qualifikationswandel… a.a.O., Hohengehren 2008

Lackmann, Jürgen
Arbeit – Beruf – Unternehmung, Weingarten 1993,

Lackmann, Reinhold/Wingens, Matthias, (Hg.)
Strukturen des Lebenslaufes, Weinheim/München 2001

Lamszus, Hellmut
Konflikte Jugendlicher beim Übergang von der Schule in den Beruf, in: Beinke, Lothar, (Hg.) Zwischen Schule und Berufsbildung, Bonn 1982, S. 73 – 193

Lempert, Wolfgang/ Ebel, Heinrich (Hg.)
Lehrzeitdauer, Ausbildungssystem und Ausbildungserfolg, Freiburg 1965

Lederer, Joachim
Problem des Übergangs von der Schule in den Beruf, München 1961

Lossfeld, Hans-Peter
Berufseintritt und Berufsverlauf, in: MittAB 18 F 2

Mack, Wolfgang/Raab, Erich/Rademacker, Hermann,
Schule, Stadtteil, Lebenswelt, Opladen 2003

Markefka, Manfred
Übergang in die Berufswelt, Neuwied/Berlin 1970

Meschenmoser, Helmut
Berufsorientierung von Jugendlichen mit Lernproblemen, in: Jung, E.,(Hg.) a.a.O., S. 224-237

Michel, Lutz P./Pelka, Bastian
Die Darstellung von Berufen im Fernsehen und ihre Auswirkung auf die Berufswahl, Bielefeld 2006

Ohse, Nicole
Qualitätsanforderungen an Schulabgänger, in: Unterricht Wirtschaft 1/2005, S. 40 ff.

Oesterle, Aline
Coaching als Instrument der schulischen Berufsorientierung, in: Jung, a.a.O., S. 257-274

Oerter, Rolf
Lebensbewältigung im Jugendalter, Weinheim 1985

Pawlowsky, P.
Arbeitseinstellung im Wandel, München 1986.

Prager, Jens U./Wieland, Clemens
Jugend und Beruf, Gütersloh 2005

Preiss, Christine
Von Orientierungslosigkeit zur Handlungskompetenz, in: Westhoff, Gisela (Hg.) Übergänge von der Ausbildung in den Beruf, Bielefeld 1995

Regierungspräsident Osnabrück
Analyse der Betriebspraktikumsakten für Schülerbetriebspraktika beim Regierungspräsidenten Osnabrück, Akten-Nr. 50324/1, Band 1 u. 2, für die Jahre 1973 und 1974

Ries, Heinz
Berufswahl in der modernen Industriegesellschaft, Bern/Stuttgart 1970,

Rose, Petra/Staark, Yvonne/Wittwer, Wolfgang
Die Wirklichkeit ist gar nicht so anders, in: Berufsbildung, 84/2003 S. 3-7

Rullmann, Marit
Übergang Schule und Beruf – Zusammenfassung, in: Bley, N./dies., dass. a.a.O., S. 95-105

Schäfer, Hans-Peter
Der Übergang von der Schule in die Arbeitswelt. Ein zentrales Problem in unserer Gesellschaft, in: Schäfer, Hans-Peter/Sroka, Wendelin (Hg.), Übergangsprobleme von der Schule in die Arbeitswelt, Berlin 1998, S. 9 - 24

Schudy, Jörg (Hg.)
Berufsorientierung in der Schule, Bad Heilbrunn 2002

Stegmann, Heinz
Jugend beim Übergang in Arbeit und Beruf, in: Deutsches Jugendinstitut (Hg.), Berufseinstieg heute, München 1988
Stürmer, Michael (Hg.)
Herbst des alten Handwerks, München 1979

Ulrich, Joachim Gerd
Zur Situation der Altbewerber in Deutschland, in: BIBB/Report 1/07
Ders., u.a.
Berufsbezeichnungen und ihr Einfluß auf das Berufsinteresse von Mädchen und Jungen, in: Sozialwissenschaften und Berufsprozeß, 27. Jg., Heft 4

Vohland, Ulrich
Berufswahlunterricht, Bad Heilbrunn 1980

Weingart, Martin
Was leisten Hauptschulen? Weingarten 2006, in: ders. (Hg.) Übergang Schule – Beruf, Baldmannsweiler 2006
Ders.,
Hürdenlauf Richtung Arbeitswelt in: Jung, E., (Hg.) a.a.O., S. 115-129
Weiß, Reinhold
Demografische Herausforderung, in: Wirtschaft und Berufserziehung, 7/2006
Westhoff, Gisela (Hg.)
Übergänge von der Ausbildung in den Beruf, Bielefeld 1995

Zabeck, Jürgen
Moderne didaktische Strömungen unter der Frage nach der Kernkompetenz der berufsbildenden Schule, in Wirtschaft und Erziehung 7-8/2005/57, S. 269 – 276

Anhang

Anhang I

Mit Anhang I weisen wir auf zwei Veröffentlichungen hin, die thematisch in einem Zusammenhang mit unserer Erhebung stehen können.

Die Grundsätze zur Zusammenarbeit und der Institutionalisierung zwischen der Bundesagentur für Arbeit und der KMK vom 15.10.2004

Dem „Pakt für Ausbildung“ der Bundesagentur für Arbeit.

Während bei dem erstgenannten bisher eine direkte Wirkung zwar nicht wahrnehmbar erscheint, aber Aktivitäten in Schule, Wirtschaft und Berufsberatung durch sie angestoßen sein können, scheint der „Pakt für Ausbildung“ ein Instrumentarium zu sein, das Problem der Übergangsschwierigkeiten besser lösen zu helfen.

Die Bundesagentur für Arbeit und die Kultusministerkonferenz haben am 15.10.2004 Grundsätze sowie Beiträge der einzelnen Institute der Zusammenarbeit und der Institutionalisierung der Zusammenarbeit beschlossen. Insbesondere sollen spätere Brüche oder „Warteschleifen“ vermieden werden.

Der Beitrag der Schule liegt in der frühzeitigen Unterstützung der Jugendlichen (gemeint ist vermutlich die Bemühungen vor Eintritt der Schüler in die Abschlußklassen). Eine Zusammenarbeit der Schulen mit Betrieben, Kammern, Verbänden, der Berufsberatung, den beruflichen Schulen, Fachhochschulen und Universitäten soll dem Ziel ebenso dienen wie Beteiligung außerschulischer Experten. Schule und Berufsberatung fördern die individuelle Gestaltung der Bildungs- und Ausbildungswege.

Der Beitrag der Bundesagentur für Arbeit liegt in der Unterstützung der Jugendlichen durch Information und Beratung. Jugendliche können eine selbstbeschreibbare Vermittlungsplattform nutzen. „Individuelle Betriebserkundungen“ werden von ihr ermöglicht.

Eine Zielbeschreibung: Es sollen Mengegerüste für die Nachvermittlung unversorgter Jugendlicher unter Beteiligung der ausbildenden Wirtschaft und zusätzlicher Bedarf an vollzeitschulischen Angeboten der beruflichen Schulen ermittelt werden.

Auf lokaler Ebene werden Netzwerke unterstützt, die mit Kammern, Betrieben, Hochschulen, Jugendhilfe, Bildungsträgern und weiteren Institutionen zusammenarbeiten.

Immer wieder wird ein zusätzlich besonderes Gewicht auf die Förderung benachteiligter Jugendlicher gelegt.

Einen Institutionalisierungsschritt stellen regelmäßige Treffen des Präsidiums der KMK und des Vorstandes der BA dar. Die gemeinsamen Maßnahmen sollen in regelmäßigen Abständen evaluiert werden.

Bundesagentur für Arbeit
Pakt für Ausbildung

Der Pakt für Ausbildung beschäftigt sich mit der Frage der Ausbildungsreife und entwickelte dazu einen Kriterienkatalog. Die Bundesagentur arbeitet zusammen mit dem nationalen Pakt für Ausbildung. Der Kriterienkatalog soll Begriffe und Sachverhalte erläutern – eine Orientierungshilfe für Schüler, Betriebe, Arbeitsagenturen, Eltern und Jugendliche sein – außerdem eine systematische Hilfestellung bei der Beurteilung der Ausbildungsreife geben.

An die Ausbildungsreife schließt sich die Frage der Berufseignung an. Daraus wird, wenn die beiden ersten Stufen positiv beantwortet werden können, die Vermittelbarkeit des Bewerbers beurteilt. Für die Ausbildungsreife wurden
schulische Basiskenntnisse
psychologische Leistungsmerkmale
Merkmale des Arbeits- und Sozialverhaltens
physische Merkmale
entwickelt.

Zur Berufswahlreife hält das Konsortium Pakt für Ausbildung die Kompetenzen
Selbsteinschätzung und
Informationskompetenz
für erforderlich.

Kriterien für das Merkmal Selbsteinschätzungskompetenz sind danach
die eigenen berufsbedeutsamen Interessen, Vorlieben, Neigungen und Abneigungen benennen können
die eigenen Werthaltungen nennen können
Kennen und Nennen der eigenen Stärken und Schwächen
Gründe anführen für die eigene Berufswahlentscheidung.

Ein besonderes Angebot des nationalen Paktes für Ausbildung und Fachkräftenachwuchs hat die Bundesagentur unter dem Titel: „Einstiegsqualifizierung für Jugendliche – Praktikum im Betrieb als Brücke in die Berufsausbildung“ vorgelegt. Die EQJ organisiert ein betriebliches Langzeitpraktikum, das jugendlichen Ausbildungssuchenden als Brücke in eine Berufsausbildung baut.

Diese Maßnahme gewährt den Betrieben, die potentiellen Nachwuchskräfte (Bewerber um einen Ausbildungsplatz) näher kennenzulernen. Dabei erhalten sie besonders gute Einblicke in die praktischen Begabungen.

Das Ziel ist, die Jugendlichen an eine Ausbildung heranzuführen. Einen Übergang in eine Ausbildung oder alternativ in eine Beschäftigung ist jederzeit – auch während der Laufzeit – möglich. Eine mögliche Anrechnung der Praktikumszeit auf eine anschließende Ausbildung ist den Partnern überlassen. Die Grundlage für die Beschäftigung ist ein Qualifizierungsvertrag.

Anhang II

Die vorgelegte Studie wurde angeregt durch eine Befragung, die in Spelle auf einer Veranstaltung des Regierungspräsidiums Weser-Ems-Arbeitskreis „Startklar für den Beruf" – Weser-Ems macht Schule (Gütesiegelaktion) durchgeführt wurde. Die Ergebnisse entstanden aus der gemeinsamen Planung mit Herrn Möllers. In Spelle wurden die Daten durch zufällige Teilnahme der anwesenden Schülerinnen und Schüler erhoben, der Fragebogen war von der Bezirksregierung Weser-Ems entwickelt. Die anschließende Auswertung wurde vom Verfasser übernommen.

Die Befragung an den allgemeinbildenden Schulen in Stadt und Land Osnabrück, die die Befragung noch ergänzen und damit verfestigen sollte, wurde als Anschlußbefragung mit den Schulen – deren Schulleitern/innen – abgestimmt. Der Antrag, die Genehmigung, die Organisierung und die Durchführung dieser Vertiefungsbefragung zu dem heuristischen Ansatz wurde zusammen mit der Landesschulbehörde und im Anschluß daran mit den Schulen und den Schulleitern organisiert.

Die Befragung an den Berufsschulen wurde besonders konzipiert, beantragt und genehmigt. Am 05.09.2005 wurde die Bitte an die Landesschulbehörde Abt. Osnabrück gerichtet, für diesen Teil der Gesamtuntersuchung „Übergang von der allgemeinbildenden Schule in die Berufsausbildung" an Berufsschulen in Osnabrück durchzuführen. Dem Antrag wurde die Begründung und das Forschungsdesign beigefügt. Dazu wurden die entsprechenden Passagen des Antragstextes hier aufgenommen. Dem Antrag war auch das Begleitschreiben für die Berufsschüler und der Fragebogenentwurf beigegeben, der vorher mit den Leitern der Berufsschulen abgestimmt worden war. Die Genehmigung der Befragung erfolgte per Erlaß vom 19.09.2005 – 9.31-0541/2N.

Anhang III

Antragstellung an die Landesschulbehörde, Osnabrück, vom 05.09.2005

Auszug

Antrag zur Genehmigung eines Interviews an den Berufsbildenden Schulen in der Stadt Osnabrück

Ziel dieser Erhebung in den Unterstufen einiger Berufsschulklassen – die noch mit den Schulleitern abgestimmt werden sollen – ist, rückwirkend die Eindrücke festzustellen, die Mädchen und Jungen beim Übergang von der allgemeinbildenden Schule in das System der beruflichen Bildung zu überstehen haben. Die Überlegungen gehen von bisher vorliegenden theoretischen Überlegungen – so von Friedrich Fürstenberg, Hellmut Lamszus und Annemarie Jäger – aus, die angestellt wurden, allerdings ohne empirische Überprüfung.

Meine Hypothese lautet, dass es eine Diskrepanz zwischen den vermuteten Schwierigkeiten und den tatsächlichen Ängsten der Schülerinnen und Schüler vor der Berufswahl und vor dem Eintritt in die Berufsausbildung und dann dem tatsächlichen Eintritt in die Berufsausbildung gibt. Um hier die erforderlichen Daten zu erheben, die für eine Interpretation erforderlich sind, plane ich anschließend an diese Befragung eine Befragung in allgemeinbildenden Schulen. Der Ansatz der Interviewmethode basiert auf einem Fragebogen, der diesem Antrag beigefügt ist. Der Fragebogen ist im strengen Sinne nicht getestet und auch nicht standardisiert, denn m.W. ist eine solche Befragung noch nicht durchgeführt worden und deshalb liegen auch keine empirischen Daten vor über die in der Literatur zu findenden theoretischen Überlegungen. Ich habe aber diesen Fragebogen zur Überprüfung seiner Validität und Reliabilität dem Kollegen Hansjörg Schuster, ehemals Universität Jena, vorgelegt. Die datentechnische Auswertung wird auch von Herrn Kollegen Schuster durchgeführt. Die Gesamtauswertung einschließlich der Interpretation der Daten liegt ausschließlich in meiner Verantwortung.

Da, wie ich oben bereits ausgeführt habe, eine Repräsentativität dieser Erhebung nicht erreicht werden kann – wenn auch durch Befragung der berufsbildenden Schulen am Schölerberg, am Pottgraben, an der Natruper Straße und an der Brinkstraße (deren Schulleiterin und Schulleiter ich im Vorfeld bereits kontaktiert habe) von mir ein Gesamtsample von 500 bis 600 auswertbaren Fragebogen erwartet wird – so ist doch mit der alleinigen Erhebung in Osnabrücker Schulen gegenwärtig nicht der früher in Osnabrück gegebene Mittelwert erreichbar. Aus diesem Grund betrachte ich die Studie als einen eher heuristischen Ansatz oder als Aufforderungsstudie zu einer breiten Untersuchung.

Von dem Ergebnis erwarte ich für die Schülerinnen und Schüler beim Übergang vom allgemeinbildenden Schulwesen in die Berufsausbildung für die Schülerwirklichkeit Erkenntnisse, die Mittel erlauben, destabilisierende Frustrationen, die den Beginn einer Berufsausbildung belasten können, abzubauen.

gez. Dr. Lothar Beinke

Anhang IV

Erläuterungen zum Antrag auf Genehmigung des beigefügten Fragebogens.

An Abschlußklassen von Hauptschulen und Realschulen soll im Anschluß an den Fragebogen von Spelle unter Auswertung und Weiterführung der dort erzielten Ergebnisse der beigefügte Fragebogen eingesetzt werden.

Gesamt-N sollten 700 bis 800 Schüler und Schülerinnen sein.

Die Befragung wäre – weil mit der Erhebung in Spelle ein Stadt-Land-Vergleich möglich war – in Stadt Osnabrück und Landkreis Osnabrück durchzuführen. Die Abweichung von der Spelle-Erhebung ist erforderlich und begründbar:

Bei einer erheblich größeren Gesamtgröße der Klientel wurden dennoch nur wenige Fragebogen auswertbar beantwortet. Die in der gegenwärtigen Studie geringere Zahl der Adressaten erlaubt einen qualitativ höherwertigen Fragebogen. Die Antwortsumme ist damit „dichter". Die ansprechbaren Probanden in ihren Klassen ergeben ein weit geringeres Maß an Zufälligkeit. Bei der Spelle-Befragung war eine Gefahr nicht auszuräumen: Bei der Beliebigkeit der Auswahl geschieht eine positive Selektion, die zu einer Beeinträchtigung der Ergebnisse führen kann.

Diese neue Befragung ermöglicht eine Chance zur Messung der Spelle-Ergebnisse und liefert damit eine qualitativ günstigere Basis für die Berufsschulbefragung.

Berufswahl und Berufsinformationen sind ein sehr komplexer Prozeß mit vielen Facetten und Einflüssen, wobei die verschiedenen Einflußfaktoren sowohl in ihrer Art und Struktur, als auch in ihrer Intensität noch unterschiedlich in einzelnen Regionen oder gar Schulen auftreten. Und das sollte die Jugendlichen in einem solchen Prozeß vor dem Schritt in eine Berufsausbildung/Berufstätigkeit nicht verwirren?

Im übrigen gilt für diese Studie parallel, was ich im Antrag zur Genehmigung des Berufsschulfragebogens geschrieben habe.

Anhang V

Genehmigung der Schulbefragung durch die Landesschulbehörde Osnabrück

Landesschulbehörde Abt. Osnabrück, Postfach 3569, 49025 Osnabrück

Herrn Prof. em. Dr. Lothar Beinke
Humboldtstr. 48, 49074 Osnabrück
Vorab per E-mail an: prof.dr.lothar.beinke@osnanet.de

Ihre Nachricht v. 03.01., 25.01. u. 17.02.2006
Mein Zeichen 9.31-0541/2 N
Osnabrück, 06.3.2006

Umfragen und Erhebungen in Schulen;
Befragung von Schülerinnen und Schülern in der Gesamtschule Schinkel in Osnabrück und in Abschlußklassen von Haupt- und Realschulen in der Stadt Osnabrück und im Landkreis Osnabrück zur Erfassung der Übergangssituation zwischen Schule und Berufsausbildung

Sehr geehrter Herr Prof. em. Dr. Beinke,

nach schulfachlicher und schulrechtlicher Überprüfung Ihrer Antragsunterlagen erteile ich Ihnen hiermit die Genehmigung für das o.g. Vorhaben, welches den Einsatz eines Fragebogens für 700 bis 800 Schülerinnen und Schüler beinhaltet, in dem die Befragten in insgesamt ca. 20 Minuten ihre Erwartung an die Berufsausbildung mit der Entscheidung für je eine vorgeschlagene Antwort pro vorgegebener Frage/These darstellen sollen.

Die Genehmigung bezieht sich auf die Durchführung Ihres Vorhabens an folgenden Schulen:

Gesamtschule Schinkel	Osnabrück
Hauptschule Innenstadt	Osnabrück
Hauptschule Eversburg	Osnabrück
Wittekind-Realschule	Osnabrück
Haupt- und Realschule	Bohmte
Hauptschule Lindenschule Buer	Melle
Realschule Buer	Melle
Hauptschule	Bramsche
Realschule	Bramsche

Hauptschulen	Georgsmarienhütte
Realschule	Georgsmarienhütte
Hauptschule	Ankum
Realschule Artland	Quakenbrück

Wegen der Einzelheiten Ihres Vorhabens und seiner Durchführung beziehe ich mich auf die Angaben in Ihrem Antrag vom 03.01.2006 und auf die Ausführungen in Ihren Schreiben vom 25.01. und 17.02.2006 sowie die jeweils von Ihnen beigefügten Anlagen.

Die von Ihnen vorgelegten Antragsunterlagen werden hiermit für verbindlich erklärt.

Ich bitte Sie, bei Ihrem Vorhaben die Vorgaben in dem beigefügten (neuen!) Runderlaß „Umfragen und Erhebungen in Schulen" des Niedersächsischen Kultusministeriums (MK) vom 05.12.2005 (SVBl. 2/2006, S. 35) zu beachten.

Aus dem o.g. Erlaß des MK folgt insbesondere, dass die Beteiligung der Schulen, der Schulleitung, der Lehrkräfte und der Schülerinnen und Schüler *freiwillig* ist und vorausgesetzt wird, dass – soweit personenbezogene Daten verarbeitet werden – die datenschutzrechtlichen Vorschriften eingehalten werden.

Die Freiwilligkeit der Teilnahme beinhaltet nach Nr. 3.2 des RdErl. auch das Recht, einzelne Fragen zu beantworten, andere aber nicht. Darauf sind die Schülerinnen und Schüler und die Erziehungsberechtigten *vorher* hinzuweisen. Dabei sind sie über das Ziel und den wesentlichen Inhalt Ihres Vorhabens, die Art ihrer Beteiligung an dem Vorhaben, den Fragebogen sowie über die Verwendung der erhobenen Daten aufzuklären.

Liegt nur die Zustimmung eines Teils der Betroffenen vor, ist Ihr Vorhaben auf diesen Personenkreis zu beschränken.

Bei etwaigen Veröffentlichungen über dieses Vorhaben bitte ich sicherzustellen, dass Rückschlüsse auf bestimmte Schulen bzw. Schülerinnen und Schüler nicht möglich sind.

Das Vorhaben ist soweit wie möglich ohne Inanspruchnahme von Unterrichtszeit durchzuführen.

Die zur Durchführung des Vorhabens in den Schulen erforderlichen organisatorischen Maßnahmen sind mit der jeweiligen Schulleitung abzustimmen und bedürfen deren Zustimmung.

Über die von Ihnen geplante Weitergabe Ihrer Informationen an einzelne Lehrkräfte besprechen Sie deshalb bitte mit der jeweiligen Schulleitung.

Ich halte fest, faß für das Land Niedersachsen keinerlei finanzielle Verpflichtungen aus dieser Genehmigung entstehen.

Für die Durchführung Ihres Vorhabens wünsche ich Ihnen viel Erfolg

Ich bitte Sie, dem Niedersächsischen Kultusministerium, Postfach 161, 30001 Hannover und mir zeitnah das Ergebnis des Vorhabens und seiner Auswertung schriftlich mitzuteilen.

Mit freundlichem Gruß
Im Auftrage
gez. Saalfelder

Anhang VI

Fragebogen für die Schülerinnen und Schüler der allgemein bildenden Schulen

Liebe Schülerinnen, liebe Schüler,
wir haben hier einen von der Landesschulbehörde genehmigten Fragebogen, der von euren Schulleitern ebenfalls geprüft wurde. Wir möchten herausfinden, wie ihr die Zukunft in einer Berufsbildung seht. Deshalb bitten wir euch um die Beantwortung. Sie ist freiwillig. Die Auswertung erfolgt völlig anonym nur zu wissenschaftlichen Zwecken.

I. Ausbilder sollten, wie Lehrer, eine Aufgabe gut erklären können, meinen die von uns bisher befragten Schüler. Was ist Deiner Meinung nach wichtig?

- ☐ Über die Aufgabe reden
- ☐ Die Aufgabe durch Bilder veranschaulichen
- ☐ Auszubildende mitwirken lassen

II. Bei einer ganz bestimmten Aufgabe sollte einem Auszubildenden eine Arbeit erst dann übertragen werden, wenn sie genau vorgestellt wurde.

- ☐ Ich bin voll dieser Meinung
- ☐ Auszubildende sollten gleich mitwirken

III. In schwierigen Fällen müßte diese Arbeit – soweit es geht – vorgemacht werden. Man kann dann bei der Arbeit am Anfang zuschauen und die richtige Arbeitshaltung erkennen.

- ☐ Ich bin voll dieser Meinung
- ☐ Auszubildende sollten nach einer Erklärung sofort mitwirken

IV. Trotz dieser Vorbereitung muß bedacht werden, daß Auszubildende besonders bei Beginn der Arbeit Anfänger sind. Vielleicht haben sie die Aufgabe trotz guter Erklärung nicht richtig verstanden. Wenn sie dann fragen, soll der Ausbilder/die Ausbilderin die Erklärung noch einmal sagen.

- ☐ Ich bin voll dieser Meinung
- ☐ Das ist richtig, aber etwas zu kompliziert
- ☐ Viele Erklärungen, wie vorgeschlagen, wären übertrieben.
  Eine gründliche Erklärung genügt
- ☐ Gute Schüler/Auszubildende müssen eine Aufgabenstellung
  gleich verstehen können

V. Wenn die Aufgabe dann gelöst wurde, soll der Ausbilder/die Ausbilderin natürlich neben der Anerkennung guter Leistung auch auf die Fehler hinweisen. Dazu sollte er/sie aber durchaus ruhig und freundlich bleiben.

- ☐ Er/sie sollten nur loben
- ☐ Er/sie sollte auf die Fehler hinweisen
- ☐ Lob und Kritik sollten beide angemessen sein
- ☐ Wenn eine Leistung schlecht ist, sollte das auch deutlich gesagt werden

VI. Auch wenn eine Aufgabe richtig gelöst wurde, heißt das noch nicht, dass man sie wirklich gut kann. Deshalb gehört zu einer guten Ausbildung, dass man die Aufgabe noch einmal an einem neuen Stück wiederholen kann.

- ☐ ja, das meine ich auch
- ☐ einmal lösen genügt, man muß noch weitere Aufgaben lernen

VII. Neben dem „gut erklären können“ gehört aber auch „gut führen können“. Was kann damit gemeint sein?

Gut führen heißt besonders, daß der Ausbilder/die Ausbilderin nicht autoritär vorgeht. Daß er/sie sich Fragen anhört und daß er/sie, wenn der Schüler/die Schülerin es nicht gleich kapiert, geduldig bleibt. Denn als „Lerner“ werden immer wieder auch Fehler gemacht.

Ein Ausbilder/eine Ausbilderin sollte deshalb

- ☐ kameradschaftlich sein
- ☐ wie Vater/Mutter sein
- ☐ Ein Ausbilder/eine Ausbilderin sind Vorgesetzte. Daran muß man sich gewöhnen
- ☐ Immer geduldig sein kann kein Ausbilder. Das ginge auch zu Lasten der anderen und des Ausbildungszieles

VIII. Zu einer guten Ausbildung gehört, daß die Arbeiten am Anfang weniger schwierig sind und daß die Schwierigkeiten bei den Arbeiten in Schritten steigen, die auf dem vorher Gelernten aufbauen.

- ☐ Das Vorgeschlagene halte ich für richtig
- ☐ Das wäre wie in der Schule. Im Betrieb kann man das so nicht machen, denn dort muß gearbeitet werden, was bestellt ist

IX. Von einer guten Berufsausbildung erwartet man, daß sie über den „Tellerrand“ hinausblickt, d.h. eine gute Berufsausbildung beschränkt sich nicht darauf, daß man einzelne Tätigkeiten ausführen kann. Dazu gehört dann auch, daß mit den Ausbildern/Ausbilderinnen über Dinge gesprochen wird, die über den engeren Rahmen der gerade getätigten Arbeit hinausgehen. Es sollte aber über das Fachliche hinaus auch während der Ausbildung zu Gesprächen mit den Ausbildern kommen, wo über Hobbies, z.B. auch über Sport geredet werden kann.

- ☐ Die Ansicht halte ich für richtig
- ☐ Privates kann man mal äußern, aber kann auch störend wirken
- ☐ Privates gehört nicht in den Betrieb

Wir bedanken uns sehr für Deine Mitarbeit. Die Materialien bleiben bei den Bearbeitern archiviert und werden nach Ablauf des Forschungsprojektes vernichtet.

Dr. Lothar Beinke

Anhang VII

Brief an die Eltern der Schülerinnen und Schüler der allgemein bildenden Schulen

Liebe Eltern,

Ihre Tochter/Ihr Sohn nimmt an einer Erhebung teil, die von der Landesschulbehörde genehmigt und mit der Schulleitung abgestimmt wurde. Sie dient dazu, die Übergangssituation zwischen Schule und Berufsausbildung zu erfassen. Die Befragung bleibt anonym, die Ergebnisse dienen nur wissenschaftlichen Zwekken, die Unterlagen bleiben beim Team der Befragung archiviert.

Wir wollen Sie über diese Erhebung informieren, die nur die Zeit Ihrer Tochter/ Ihres Sohnes, ca. 20 Minuten, in Anspruch nehmen wird.

Mit freundlichen Grüßen

Anhang VIII

Begleitbrief zur Datenerhebung – Adressaten:

Berufsschüler im ersten Ausbildungsjahr

Liebe Schülerin, lieber Schüler,

Sie haben Ihre Berufswahl getroffen und befinden sich im ersten Jahr der Berufsausbildung. Wir möchten im Vergleich herauszufinden versuchen, wie sich die Erwartungen vor einem Berufswahlabschluß im Vergleich mit euren wirklichen Erfahrungen vergleichen lassen.

Die Befragung ist selbstverständlich freiwillig, die Daten bleiben völlig anonym und werden nur für die Zwecke dieser Befragung verwendet. Es hält kein weiterer als der Projektleiter Einblick in die Unterlagen.

Den Fragebogen, den wir in der Anlage mit übersenden, bitten wir durch Ankreuzen der Ihnen zutreffenden Antwort zu beantworten bzw. die Frage nach dem erlernten Beruf bei der zweiten Frage einzutragen.

Dr. Lothar Beinke

Anhang IX

Fragebogen an die Berufsschüler

1) Zuerst haben wir ein paar Fragen zu Ihrer Person:

   Sind Sie ein junger Mann □ oder eine junge Frau □ ?

   Welchen Beruf erlernen Sie? ________________________

2) Welche Schule haben Sie vorher besucht?

   Hauptschule
   □ Realschule
   □ Gesamtschule
   □ Gymnasium

3) Nun kommen wir zum Thema Berufswahl. In diesem Zusammenhang hatten Sie Überlegungen angestellt, bevor Sie Ihre alte Schule verließen. Welche Überlegungen – Hoffnungen oder auch Sorgen – hatten Sie damals? Vielleicht erinnern Sie sich noch? Bitte kreuzen Sie die Aussage an, die Ihrer damaligen Einstellung entspricht:

   □ Ich werde das nur schwer schaffen
   □ Ich werde mich umstellen müssen von der Schule auf den Betrieb
   □ Vielleicht habe ich nicht genug gelernt
   □ Der Ausbilder ist strenger als meine Lehrer
   □ Nach einer Gewöhnung fürchte ich keine Probleme

4) Wir können verstehen, daß Sie sich Sorgen gemacht haben. Sie waren ja noch nicht in einer Berufsausbildung und kannten Betriebe vielleicht nur aus Ferienjobs oder Praktika - oder auch gar nicht. Wünschen Sie aus heutiger Sicht, daß Sie besser hätten informiert sein müssen? Wie könnte eine bessere Vorbereitung aussehen? Sollten die Fächer mehr auf die Praxis ausgerichtet sein?

   Was wir in den Schulfächern gelernt haben

   □ konnten wir in der Ausbildung nicht gebrauchen
   □ einiges gut gebrauchen
   □ alles ganz gut gebrauchen

5) Heute in Ihrer Ausbildung haben Sie kennengelernt, welche Unterschiede es zwischen allgemein bildenden Schulen und berufsbildenden Schulen gibt. Sie wissen jetzt auch, wie es in Betrieben während der Ausbildung zugeht.

Heute urteilen Sie also aus Erfahrung und sehen auch vielleicht die damalige Situation anders. Deshalb fragen wir Sie noch einmal – nun über Ihre wirklichen Eindrücke. Vielleicht fällt Ihnen noch etwas ein, was Sie aus dem Unterricht der allgemein bildenden Schule, die Sie vorher besucht haben, gut gebrauchen konnten in der Ausbildung. Dann schreiben Sie das doch bitte auf.

____

____

____

6) Wie war Ihr erster Eindruck zu Beginn Ihrer Ausbildung? Welche Vorstellungen/Sorgen, die Sie vor der Ausbildung hatten, sind eingetroffen?

   ☐ Es fiel mir am Anfang schwer
   ☐ Ich mußte mich umstellen von der Schule auf den Betrieb
   ☐ Ich glaube, ich hätte besser lernen sollen
   ☐ Ich empfand die Ausbilder strenger als meine Lehrer
   ☐ Nach einer Gewöhnung hatte ich keine Probleme

7) Oder hatten sich Ihre Befürchtungen nicht bestätigt?

   Denn eigentlich war alles ganz anders, als ich es mir vorgestellt hatte. Ich hatte es in der Schule vorher aber nicht erfahren.

   ☐ das trifft zu   ☐ das trifft nicht zu

8) Wenn es zutrifft, was wir gerade geäußert haben, was meinen Sie?

   Die Lehrer in den allgemein bildenden Schulen müßten mehr von der Ausbildung wissen, damit sie uns besser vorbereiten können

   ☐ ja   ☐ nein

9) Über welche Arbeits- und Ausbildungsbedingungen müßten Schülerinnen und Schüler unbedingt vorher informiert werden?

____

____

____

Wir danken Ihnen für Ihre Unterstützung unserer Befragung und wünschen Ihnen für Ihre berufliche Ausbildung viel Erfolg.

Anhang X

Bei den Schulen, die sich an der Erhebung beteiligten, und denen ich hiermit ausdrücklich für ihre Bereitschaft und ihre Unterstützung danke, handelt es sich um:

Hauptschule Innenstadt
Hauptschule Eversburg
Wittekindrealschule

Realschule Georgsmarienhütte
Realschule Quakenbrück
Realschule Bramsche
Realschule Bohmte
Realschule Buer/Melle
Stahmer-Hauptschule Georgsmarienhütte
Hauptschule Georgsmarienhütte Ortsteil Oesede
Hauptschule Melle/Buer
Hauptschule Bohmte
Hauptschule Bramsche
Hauptschule Ankum

Bei der Auswertung der Schülerfragebogen gab es drei Fragebogen (Realschule) die nicht eingeordnet werden konnten.

Außerdem waren die berufsbildenden Schulen in Osnabrück (Brinkstraße, Natruper Straße, Pottgraben, Schölerberg und Rotenburg/Fulda, Hessen und die Gesamtschule in Schenklengsfeld beteiligt.